100 Keywords Wirtschaftsprüfung

Springer Fachmedien Wiesbaden
(Hrsg.)

100 Keywords Wirtschaftsprüfung

Grundwissen für
Fach- und Führungskräfte

ISBN 978-3-658-07673-3   ISBN 978-3-658-07674-0 (eBook)
DOI 10.1007/978-3-658-07674-0

Die Deutsche Nationalbibliothek verzeichnet diese Publikation in der Deutschen Nationalbibliografie; detaillierte bibliografische Daten sind im Internet über http://dnb.d-nb.de abrufbar.

Springer Gabler
© Springer Fachmedien Wiesbaden 2015
Das Werk einschließlich aller seiner Teile ist urheberrechtlich geschützt. Jede Verwertung, die nicht ausdrücklich vom Urheberrechtsgesetz zugelassen ist, bedarf der vorherigen Zustimmung des Verlags. Das gilt insbesondere für Vervielfältigungen, Bearbeitungen, Übersetzungen, Mikroverfilmungen und die Einspeicherung und Verarbeitung in elektronischen Systemen.

Die Wiedergabe von Gebrauchsnamen, Handelsnamen, Warenbezeichnungen usw. in diesem Werk berechtigt auch ohne besondere Kennzeichnung nicht zu der Annahme, dass solche Namen im Sinne der Warenzeichen und Markenschutz-Gesetzgebung als frei zu betrachten wären und daher von jedermann benutzt werden dürften.

Lektorat: Claudia Hasenbalg

Gedruckt auf säurefreiem und chlorfrei gebleichtem Papier

Springer Gabler ist eine Marke von Springer DE. Springer DE ist Teil der Fachverlagsgruppe Springer Science+Business Media
www.springer-gabler.de

Autorenverzeichnis

Professor Dr. Volker Beeck, Fachhochschule Mainz, Main
Themengebiete: Wirtschaftsprüfung,
Qualitätssicherung in der Wirtschaftsprüfung

Professor Dr. Reinhold Hömberg, Rheinisch-Westfälische
Technische Hochschule, Aachen
Themengebiete: Internationalisierung der Wirtschaftsprüfung,
Wirtschaftsprüfungsmethoden

Dr. Werner Krommes, Wekadit-Revison, Gräfelfing
Themengebiete: Wirtschaftsprüfung,
Eigenverantwortlichkeit des Wirtschaftsprüfers

__A–B

Abschlussprüfer

1. *Begriff:* Prüfer, die Prüfungen von Jahresabschlüssen von Unternehmungen und Konzernen vornehmen (§ 316 I, II HGB). Die Prüfungen selbst werden von natürlichen Personen durchgeführt; als Abschlussprüfer werden auch Personenmehrheiten beauftragt.

2. *Berufsqualifikation:* Abschlussprüfungen auf freiwilliger Basis können an beliebige Abschlussprüfer vergeben werden. Bei *gesetzlich vorgeschriebenen Abschlussprüfungen* ist dagegen festgelegt, wer Abschlussprüfer sein kann: Prinzipiell sind Jahresabschlussprüfungen für Unternehmungen und Konzernabschlussprüfungen Wirtschaftsprüfern und Wirtschaftsprüfungsgesellschaften vorbehalten (Vorbehaltsaufgaben); aufgrund von Sonderbestimmungen können bestimmte Organisationen, besonders Prüfungsverbände, Abschlussprüfungen vornehmen (vor allem bei Genossenschaften; §§ 53 ff. GenG); die Prüfung darf bei Sparkassen von den Prüfungsstellen der Sparkassen- und Giroverbände durchgeführt werden. Vereidigte Buchprüfer und Buchprüfungsgesellschaften können nach § 319 I HGB ebenfalls Abschlussprüfer im Rahmen einer Pflichtprüfung sein, jedoch nur für mittelgroße GmbHs (§ 267 II HGB) oder für mittelgroße Personenhandelsgesellschaften, bei denen kein persönlich haftender Gesellschafter eine natürliche Person ist (§ 264a I HGB).

3. *Bestellung und Abberufung des Abschlussprüfers nach § 318 HGB:* Die Gesellschafter einer Unternehmung wählen den Prüfer des Jahresabschlusses, die Gesellschafter des Mutterunternehmens den Abschlussprüfer des Konzernabschlusses.

Ausnahme: Der Gesellschaftsvertrag bestimmt bei GmbH, OHG und KG im Sinn des 264a I HGB etwas anderes.

Wird kein anderer Konzernabschlussprüfer bestellt, gilt der Jahresabschlussprüfer des Mutterunternehmens als bestellt. Gesetzliche Vertreter müssen den *Prüfungsauftrag* unverzüglich nach der Wahl erteilen. Das Gericht hat auf Antrag nach Anhörung der Beteiligten und des gewählten Prüfers einen anderen Abschlussprüfer zu bestellen, wenn dies aus Gründen, die in der Person des gewählten Prüfers liegen, geboten erscheint; Kreis der möglichen Antragsteller nach § 318 III HGB. *Kündigung des Prüfungsauftrags* von dem Abschlussprüfer nur aus wichtigem Grund und mit schriftlicher Begründung.

Sonderregelung für Versicherungsunternehmungen (§ 58 VAG): Abschlussprüfer werden vor Ablauf des Geschäftsjahres vom Aufsichtsrat bestimmt.

4. *Ausschlussgründe:* Die gesetzlich beschriebenen Ausschlussgründe betreffen die *Unabhängigkeit des Abschlussprüfer* § 319 II, III HGB sieht eine detaillierte Regelung vor; sie hat zum großen Teil im Berufsrecht für Wirtschaftsprüfer vorgesehene Regelungen zum Inhalt. Die Ausschlussgründe gelten auch für Konzernabschlussprüfer (§ 319 IV HGB).

a) *Arten von Ausschlussgründen:*

(1) Direkte oder indirekte Verflechtung zwischen Abschlussprüfer und zu prüfender Gesellschaft;

(2) Mitwirkung des Abschlussprüfers an den zu prüfenden Unterlagen;

(3) Finanzielle Abhängigkeit des Abschlussprüfers von der zu prüfenden Gesellschaft;

(4) Fehlende Qualitätskontrolle (§ 57 a WPO; vgl. externe Qualitätskontrolle);

(5) Besondere Ausschlussgründe bei Unternehmen von öffentlichem Interesse (§ 319a HGB). Die Ausschließungsgründe gelten sowohl für Einzelprüfer als auch für Prüfungsgesellschaften.

b) Einzelne *Ausschlussgründe für natürliche Personen* (Wirtschaftsprüfer, vereidigte Buchprüfer) nach § 319 II HGB: Eine natürliche Person darf nicht Abschlussprüfer sein, wenn sie oder eine Person, mit der sie ihren Beruf gemeinsam ausübt,

(1) Anteile an der zu prüfenden Gesellschaft besitzt;

(2) gesetzlicher Vertreter, Mitglied des Aufsichtsrats oder Arbeitnehmer der zu prüfenden Gesellschaft ist oder in den letzten drei Jahren war;

(3) gesetzlicher Vertreter oder Mitglied des Aufsichtsrats einer juristischen Person, Gesellschafter einer Personengesellschaft oder Inhaber eines Unternehmens ist, soweit das jeweilige Gremium mit der zu prüfenden Gesellschaft verbunden ist oder mehr als 20 Prozent der Anteile besitzt;

(4) Arbeitnehmer eines Unternehmens ist, das mit der zu prüfenden Gesellschaft verbunden ist bzw. mehr als 20 Prozent der Anteile besitzt oder Arbeitnehmer einer natürlichen Person ist, die an der zu prüfenden Gesellschaft zu mehr als 20 Prozent beteiligt ist;

(5) bei der Führung der Bücher oder der Erstellung des Jahresabschlusses selbst mitgewirkt hat;

(6) bestimmte Bindungen (gesetzlicher Vertreter, Arbeitnehmer, Mitglied des Aufsichtsrats, Gesellschafter, Inhaber) an eine natürliche oder juristische Person, Personengesellschaft oder Einzelunternehmung hat, die bei der Führung der Bücher und der Erstellung des Jahresabschlusses selbst über die Prüfungstätigkeit hinaus mitwirkte;

(7) bei der Prüfung eine Person beschäftigt, die selbst nicht Abschlussprüfer sein darf;

(8) in den vergangenen fünf Jahren jeweils mehr als 30 Prozent der Gesamteinnahmen aus seiner beruflichen Tätigkeit aus der Prüfung und Beratung der zu prüfenden Gesellschaft und von Unternehmen, an denen die zu prüfende Gesellschaft mit mehr als 20 Prozent beteiligt ist, bezogen hat und dies auch im laufenden Geschäftsjahr zu erwarten ist (Ausnahmen in Härtefällen möglich).

Eine natürliche Person darf ferner nicht Abschlussprüfer sein, wenn sie

(9) keine wirksame Bescheinigung über die Teilnahme an der Qualitätskontrolle besitzt und ihr zugleich keine Ausnahmegenehmigung von der Wirtschaftsprüferkammer (WPK) erteilt wurde.

c) Einzelne *Ausschlussgründe für Prüfungsgesellschaften* (Wirtschaftsprüfungsgesellschaften, Buchprüfungsgesellschaften): Eine Prüfungsgesellschaft darf nach § 319 III HGB nicht Abschlussprüfer sein, wenn

(1) sie Anteile an der zu prüfenden Gesellschaft besitzt oder mit dieser verbunden ist oder wenn ein mit ihr verbundenes Unternehmen an der zu prüfenden Gesellschaft mehr als 20 Prozent der Anteile besitzt oder mit ihr verbunden ist;

(2) sie in Anwendung der relevanten Vorschriften zu den Ausschlussgründen (5) bis (8) für Einzelprüfer nicht Abschlussprüfer sein darf;

(3) ein Gesellschafter oder gesetzlicher Vertreter einer Wirtschaftsprüfungsgesellschaft oder Buchprüfungsgesellschaft als juristische Person 50 Prozent oder mehr der den Gesellschaftern zustehenden Stimmrechte besitzt, der nicht Abschlussprüfer sein darf, oder ein Gesellschafter analog zu den Ausschlussgründen für Einzelprüfer (Gründe (1) bis (4)) nicht Abschlussprüfer sein darf;

(4) einer der gesetzlichen Vertreter oder Gesellschafter analog zu den Ausschlussgründen für Einzelprüfer (Gründe (5) und (6)) nicht Abschlussprüfer sein darf;

(5) ein Aufsichtsratsmitglied analog zu den Ausschlussgründen für Einzelprüfer (Gründe (2) und (5)) nicht Abschlussprüfer sein darf;

(6) sie bei der Prüfung einer AG, deren Aktien zum amtlichen Markt zugelassen sind, einen Wirtschaftsprüfer beschäftigt, der in den vorhergehenden zehn Jahren in mehr als sechs Fällen den Bestätigungsvermerk über die Prüfung der Jahres- oder Konzernabschlüsse der Gesellschaft gezeichnet hat;

(7) sie keine wirksame Bescheinigung über die Teilnahme an der Qualitätskontrolle analog zu den Ausschlussgründen für Einzelprüfer (Grund (9)) besitzt und ihr keine Ausnahmegenehmigung von der Wirtschaftsprüferkammer erteilt wurde.

5. *Entwicklungen:* Zur Schaffung europaweit einheitlicher Anforderungen hat die Europäische Kommission im Mai 2002 Grundprinzipien zur Unabhängigkeit gesetzlicher Abschlussprüfer veröffentlicht (Empfehlung der Kommission vom 16.5.2002, Unabhängigkeit des Abschlussprüfers in der EU, Grundprinzipien (ABl. EG Nr. L 191/2002, S. 22). Den Mitgliedsstaaten

der EU wird nahegelegt, ihre nationalen Regelungen auf der Grundlage der ausgesprochenen Empfehlungen zu überprüfen und gegebenenfalls anzupassen. Auf internationaler Ebene hat die Securities and Exchange Commission im Januar 2003 neue Regelungen zur Unabhängigkeit des Abschlussprüfers in den USA unter dem Titel „Final Rule: Strengthening the Commission's Requirements Regarding Auditor Independence" veröffentlicht. Am 29.6.2006 hat die EU mit der Richtlinie 2006/43/EG neue Regelungen für die Arbeit von Wirtschaftsprüfern eingeführt. Hierdurch soll insbesondere die Unabhängigkeit der Kontrollorgane gewährleistet sein.

Abschlussprüferaufsichtskommission (APAK)

Mit Begründung der APAK im Jahr 2004 wurde die Berufsaufsicht über die Wirtschaftsprüfer wesentlich erweitert. Als neuer Bestandteil wurde die APAK in das Aufsichtssystem eingefügt. Die Mitglieder dieser nicht rechtsfähigen Gemeinschaft natürlicher Personen (zur Zeit neun) werden vom Bundesministerium für Wirtschaft und Technologie (BMWi) für die Zeit von vier Jahre ernannt. Der APAK obliegt die Fachaufsicht über die Wirtschaftsprüferkammer (WPK). Sie verfügt gegenüber der WPK über ein Weisungsrecht in den Kernbereichen der berufsständischen Selbstverwaltung. Hinsichtlich der Prüfung einschließlich Eignungsprüfung, der Bestellung, Anerkennung und des Widerrufs der Registrierung, der Berufsaufsicht und Qualitätskontrolle sowie des Erlasses von Regelungen zur Berufsausübung (Berufssatzung für Wirtschaftsprüfer/vereidigte Buchprüfer) beurteilt die APAK, ob die WPK ihre Aufgaben geeignet, angemessen und verhältnismäßig erfüllt.

Zur Erfüllung ihrer Aufgaben hat die APAK die Ausschüsse „Berufsaufsicht" und „Qualitätskontrolle" gebildet. Sie verfügt über ein eigenes Sekretariat und greift auf die Geschäftsstelle der WPK mit ihren ca. 130 Mitarbeitern zu. Finanziert wird die Arbeit der APAK über den Haushalt der WPK. Für ihre inländischen Aktivitäten liegen die Aufwendungen bei ca. 600.000 Euro im Jahr.

In ihrer praktischen Arbeit ist die APAK eng in die Tätigkeiten der WPK eingebunden. So werden ihr alle aufsichtsrelevanten Vorgänge vor Bekanntgabe der Entscheidung vorgelegt. Das Verfahren der anlassunabhängigen Sonderuntersuchungen (§ 62b I WPO) wurde von ihr maßgeblich mit gestaltet. Durch die Teilnahme an Sitzungen der Kommission für Qualitätskontrolle und Schlussbesprechungen im Rahmen der Qualitätskontrolle überwacht sie diese Teilaufgabe der WPK. Ein jährlich veröffentlichter Bericht dokumentiert Art und Umfang ihrer Kontrollaktivitäten.

Abstimmungsprüfung

Prüfungshandlung, bei der Daten miteinander verglichen werden, die wegen systematischer Zusammenhänge zwingend übereinstimmen müssen, aber aus verschiedenen Unterlagen stammen. Die Abstimmungsprüfung richtet sich auf die richtige und vollständige Erfassung von Daten.

Accountant

Chartered Accountant; Berufsbezeichnung für Wirtschaftsprüfer in Großbritannien und Irland.

Certified Public Accountant; Berufsbezeichnung für Wirtschaftsprüfer in den USA, im District of Columbia, in Guam, Puerto Rico und auf den US Virgin Islands.

Anlagenprüfung

Bei jedem prüfungspflichtigen Jahresabschluss erforderliche Prüfung des buchmäßig angewiesenen Vermögens, das dem Geschäftsbetrieb der Unternehmung auf Dauer dienen soll (Anlagevermögen). Zu prüfen ist die Einhaltung der Vorschriften bezüglich

(1) der körperlichen Bestandsaufnahme (Inventur);

(2) der Aktivierung (Aktivierungspflicht, Aktivierungswahlrecht);

(3) der Bewertung und

(4) der Erläuterung im Anhang. Die Berichtspflichten des Abschlussprüfers im Prüfungsbericht sind zu beachten.

Arbeitsgemeinschaft für das wirtschaftliche Prüfungswesen

Vom Deutschen Industrie- und Handelskammertag (DIHK) und der Wirtschaftsprüferkammer (WPK) gemäß § 65 WPO gebildete, nicht rechtsfähige Arbeitsgemeinschaft mit gemeinsamer Geschäftsstelle.

Aufgaben: Behandlung von Fragen des wirtschaftlichen Prüfungs- und Treuhandwesens, die gemeinsame Belange der Wirtschaft und der Berufe der Wirtschaftsprüfer und der vereidigten Buchprüfer berühren.

Audit Committee

In Deutschland spezieller (Fach-)Ausschuss des Aufsichtsrats einer Aktiengesellschaft, der sich vornehmlich mit der Rechnungslegung und der Jahresabschlussprüfung beschäftigt. Das Audit Committee dient damit praktisch als vom Aufsichtsrat beauftragter Ansprechpartner des Wirtschaftsprüfers.

In den USA hat das Audit Committee eine ähnliche Funktion. Jedoch sind dort Mitglieder des Board sowohl Vorstände als auch Outside Directors; das Audit Committee aber besteht nur aus Letzteren.

Ziel und Funktionsweise des Prüfungsausschusses als Organ des Board: Die praktische Ausgestaltung hängt stark von Rechtsrahmen und Rechtsform ab - es wird zwischen dem Unitarian-Board-Modell und den Two-Tier-Modell unterschieden - und ist allgemein in den OECD Corporate Governance Principles 2004 und im Aktionsplan Corporate Governance der EU-Kommission (COM (2003) 248 fin) umrissen.

Auditing

Englisch für *revidieren, prüfen;* angloamerikanischer Fachausdruck für Revision (Prüfung), und zwar durch von dem zu prüfenden Verantwortungsbereich unabhängige Personen.

Zu unterscheiden:

(1) Internal Auditing (interne Revision) und

(2) Independant Auditing (externe Revision).

Begutachtung

Analytischer Prozess zur Erlangung eines fundierten Urteils über gegebene oder zukünftige Tatbestände oder Mittel zur Erreichung vorgegebener Ziele, wobei in den Wirtschaftswissenschaften entwickelte Theorien heranzuziehen sind. Die Begutachtung wird üblicherweise von einem unabhängigen Sachverständigen durchgeführt. Das fehlende Merkmal des Soll-Ist-Vergleichs grenzt die Begutachtung von einer Prüfung ab. Im Gegensatz zur Beratung hat die Begutachtung keine Handlungsempfehlung zum Inhalt.

Beratung

Abgabe und Erörterung von Handlungsempfehlungen durch Sachverständige, wobei von den Zielsetzungen des zu Beratenden und von relevanten Theorien unter Einbeziehung der individuellen Entscheidungssituation des Auftraggebers auszugehen ist. Beratung gehört auch zum Aufgabengebiet des Wirtschaftsprüfers; ein direkter Zusammenhang mit Prüfung besteht nicht. In der Praxis sind Beratungs- und Prüfungstätigkeit gelegentlich miteinander verbunden. Dies kann dazu führen, dass der Wirtschaftsprüfer aufgrund der Beratungstätigkeit seine Unbefangenheit bei der Prüfungstätigkeit verliert.

Berufsgrundsätze für Wirtschaftsprüfer

Grundsätze der Ausübung des Wirtschaftsprüferberufs, die Wirtschaftsprüfer bei der Wahrnehmung ihrer Aufgaben zu beachten haben (allgemeine Berufspflichten gemäß §§ 43 ff. WPO):

1. *Grundsatz der Unabhängigkeit und Unbefangenheit:* Der Wirtschaftsprüfer ist unabhängig, wenn er weder rechtlichen noch wirtschaftlichen Bindungen an die zu prüfende Gesellschaft unterliegt. Er ist unbefangen, wenn er in seiner inneren Einstellung zu der zu prüfenden Gesellschaft frei ist.

2. *Grundsatz der Gewissenhaftigkeit:* Der Wirtschaftsprüfer muss bei Erfüllung seiner Aufgaben Gesetze und fachliche Regeln beachten sowie nach

seinem Gewissen handeln; er hat sich von dem Grundsatz der getreuen und sorgfältigen Rechenschaftslegung leiten zu lassen.

3. *Grundsatz der Eigenverantwortlichkeit:* Der Wirtschaftsprüfer hat sein Handeln in eigener Verantwortung zu bestimmen. Auch angestellte Wirtschaftsprüfer haben eigenverantwortlich zu handeln; eigenverantwortliche Tätigkeit verlangt in der Regel, dass der Wirtschaftsprüfer bei einem anderen Wirtschaftsprüfer zeichnungsberechtigt ist oder bei einer Wirtschaftsprüfungsgesellschaft die Rechtsstellung eines Prokuristen hat (vgl. §§ 44 ff. WPO).

4. *Grundsatz der Verschwiegenheit:* Der Wirtschaftsprüfer hat Kenntnisse von Tatsachen und Umständen, die ihm bei seiner Berufstätigkeit anvertraut oder bekannt werden, sorgsam zu hüten; er darf sie weder für sich auswerten noch weitergeben. Mitarbeiter hat er ebenfalls zur Verschwiegenheit zu verpflichten.

5. *Grundsatz der Unparteilichkeit:* Der Wirtschaftsprüfer hat bei Prüfungsfeststellungen und bei der Erstattung von Gutachten alle für die Beurteilung wesentlichen Tatbestände zu erfassen und sie allein aus der Sache heraus zu werten und darzustellen. Bei Gutachten für Gerichte und öffentliche Stellen sowie bei Schiedsgutachten oder bei ähnlichen Aufgaben müssen darüber hinaus gegensätzliche Auffassungen zur Sache dargestellt und gegeneinander abgewogen werden.

6. *Grundsatz berufswürdigen Verhaltens:* Der Wirtschaftsprüfer muss sich so verhalten, dass er das besondere Vertrauen der Öffentlichkeit rechtfertigt und seine Treuepflicht gegenüber dem Auftraggeber wahrt; das gilt auch außerhalb der Berufstätigkeit. Im Verkehr mit anderen Wirtschaftsprüfern muss er sich kollegial verhalten.

7. *Grundsatz des Verzichts auf unlautere Werbung:* Der Wirtschaftsprüfer darf sich keiner unlauteren Werbung bedienen.

Berufspflichten des Wirtschaftsprüfers

Die Berufspflichten aber auch die Rechte des Wirtschaftsprüfers (WP) werden in der Wirtschaftsprüferordnung (WPO) formuliert. Im vierten

Teil der WPO (§ 57 III WPO) wird der Wirtschaftsprüferkammer (WPK) das Recht eingeräumt, eine Satzung über die Rechte und Pflichten bei der Ausübung der Berufe des Wirtschaftsprüfers und des vereidigten Buchprüfers (Berufssatzung) zu erlassen.

Zu den Berufspflichten nimmt das vom IDW herausgegebene WP-Handbuch (2006), das auf die WP-Ordnung Bezug nimmt, auf den Seiten 68 ff. unter anderem wie folgt Stellung:

a) *Unabhängigkeit:* „Der Beruf des WP muss unabhängig ausgeübt werden. Die Unabhängigkeit ist eine Kardinaltugend für jeden Berufsangehörigen und ihre Wahrung seine elementare Pflicht. Nach der EU-Empfehlung zur Unabhängigkeit des Abschlussprüfers und dem IFAC Code of Ethics for Professional Accountants umfasst die Unabhängigkeit sowohl die innere als auch die äußere Unabhängigkeit. Innere Unabhängigkeit (= Unbefangenheit) meint die innere Einstellung, die ausschließlich die zur Erfüllung des vorliegenden Auftrags relevanten Aspekte in Betracht zieht. Die äußere Unabhängigkeit (das Nichtbestehen der Besorgnis der Befangenheit) wird aufgefasst als Vermeidung von Tatsachen und Umständen, die so schwer ins Gewicht fallen, dass ein sachverständiger und informierter Dritter die Fähigkeit des Abschlussprüfers zur objektiven Wahrnehmung seiner Aufgaben in Zweifel ziehen würde. Unabhängigkeit in einem umfassenden Sinne bedeutet, dass der WP in objektiver und subjektiver Hinsicht seine Feststellungen unbeeinflusst von sachfremden Erwägungen und ohne Rücksichtnahme auf eigene Belange oder Interessen Dritter treffen kann.

b) *Unparteilichkeit:* Der WP hat sich bei der Prüfungstätigkeit und der Erstellung von Gutachten unparteiisch zu verhalten, ein Gebot, das vom WP in seiner Funktion als Prüfer oder Gutachter unbedingte Neutralität verlangt. Die Neutralität muss in Prüfungsberichten und Gutachten auch zum Ausdruck kommen. Wesentliche Sachverhalte dürfen nicht verschwiegen werden oder im Rahmen der fachlichen Würdigung unberücksichtigt bleiben. Die fachliche Würdigung der ermittelten Fakten muss nachvollziehbar sein und darf nicht durch Sonderinteressen beeinflusst werden.

c) *Verschwiegenheit:* Die Verschwiegenheit bildet das Fundament für das Vertrauen, das dem WP entgegengebracht wird. Alle Tatsachen und Umstände, die WP bei ihrer Berufstätigkeit anvertraut oder bekannt werden, dürfen nicht unbefugt offenbart werden.

d) *Gewissenhaftigkeit:* WP sind bei der Durchführung ihrer Aufgaben an das Gesetz gebunden und haben die für die Berufsausübung geltenden Bestimmungen sowie die gesetzlichen Regeln zu beachten. Mandate dürfen nur übernommen werden, wenn der WP über die dafür erforderliche Sachkunde und die zur Bearbeitung erforderliche Zeit verfügt.

e) *Eigenverantwortlichkeit:* Der WP hat sein Handeln in eigener Verantwortung zu bestimmen, sich selbst ein Urteil zu bilden und seine Entscheidungen selbst zu treffen. Er muss die Tätigkeit seiner Mitarbeiter so überblicken und beurteilen können, dass er sich selbst eine auf Kenntnis beruhende eigene fachliche Überzeugung bilden kann. Er darf keinen fachlichen Weisungen unterliegen, die ihn verpflichten, insbesondere Prüfungsberichte und Gutachten auch dann zu unterzeichnen, wenn sich ihr Inhalt nicht mit seiner Überzeugung deckt.

f) *Berufswürdiges Verhalten:* Der WP hat sich sowohl innerhalb als auch außerhalb der Berufstätigkeit des Vertrauens und der Achtung würdig zu erweisen, die der Beruf erfordert, und sich der besonderen Berufspflichten bewusst zu sein, die ihm aus der Befugnis erwachsen, gesetzlich vorgeschriebene Bestätigungsvermerke zu erteilen."

Berufsregister

Bei der Wirtschaftsprüferkammer (WPK) geführtes öffentliches Register für Wirtschaftsprüfer und Wirtschaftsprüfungsgesellschaften, auch für vereidigte Buchprüfer und Buchprüfungsgesellschaften (§§ 37 ff., 130 WPO).

Bestätigungsvermerk

I. *Begriff*

Der Bestätigungsvermerk ist das abschließende Gesamturteil, das nach einer nach anerkannten Berufsgrundsätzen (Berufsgrundsätze für Wirtschaftsprüfer) durchgeführten ordnungsmäßigen Prüfung abgegeben wird (§ 322 I 1, 2 HGB). Mit einem Bestätigungsvermerk bestätigt der Abschlussprüfer, dass Jahresabschluss und Buchführung den gesetzlichen Vorschriften entsprechen und dass der Lagebericht keine falschen Vorstellungen von der Lage der Unternehmung erweckt. Ein unmittelbares Urteil über die wirtschaftliche Lage der Unternehmung ist mit dem Bestätigungsvermerk nicht verbunden. Ist der Bestätigungsvermerk versagt worden, so ist hierauf in einem besonderen Vermerk (dem Versagungsvermerk) hinzuweisen (§ 322 IV 2 HGB). Der Bestätigungsvermerk ist Bestandteil des zu erstellenden Prüfungsberichts.

II. *Bedeutung*

Durch den Bestätigungsvermerk sollen Adressaten, z. B. Gesellschafter, Gläubiger, Arbeitnehmer, Aufsichtsrat und Öffentlichkeit, über das Ergebnis einer Prüfung unterrichtet werden. Der volle Wortlaut des Bestätigungsvermerks ist in allen Veröffentlichungen und Vervielfältigungen des Jahresabschlusses wiederzugeben.

Die rechtliche Bedeutung des Bestätigungsvermerks liegt vor allem darin, dass ein Jahresabschluss nach HGB erst festgestellt werden kann, wenn die Jahresabschlussprüfung stattgefunden hat (§ 316 I 2 HGB).

Die tatsächliche Bedeutung des Bestätigungsvermerks in der Praxis ist weitergehend. In der Regel wird die Unternehmungsleitung an einem uneingeschränkten Bestätigungsvermerk interessiert sein; die Androhung der Einschränkung oder Versagung des Bestätigungsvermerks wird oft zur Beachtung der Rechnungslegungsvorschriften anreizen.

III. *Inhalt*

Der Bestätigungsvermerk beschreibt die Aufgabe des Abschlussprüfers und grenzt sie gegenüber der Verantwortung der gesetzlichen Vertreter der zu prüfenden Unternehmung für Buchführung, Jahresabschluss und Lagebericht bzw. Konzernabschluss und -lagebericht ab. Des Weiteren werden Gegenstand, Art und Umfang der Prüfung erläutert. In der abschließenden Beurteilung wird das Prüfungsergebnis formuliert. Nach § 322 II HGB soll die Beurteilung des Prüfungsergebnisses allgemein verständlich und problemorientiert erfolgen; auf Risiken, die den Fortbestand des Unternehmens gefährden, ist gesondert einzugehen.

IV. *Arten*

1. *Uneingeschränkter Bestätigungsvermerk:* Sind nach dem abschließenden Ergebnis der Prüfung keine Einwendungen zu erheben, so hat der Abschlussprüfer nach § 322 I 3 HGB im Bestätigungsvermerk zu erklären, dass die von ihm durchgeführte Prüfung zu keinen Einwendungen geführt hat und der Jahresabschluss bzw. Konzernabschluss aufgrund der bei der Prüfung gewonnenen Erkenntnisse unter Beachtung der Grundsätze ordnungsmäßiger Buchführung ein den tatsächlichen Verhältnissen entsprechendes Bild der Vermögens-, Finanz- und Ertragslage der Gesellschaft bzw. des Konzerns gibt. Ferner ist darauf einzugehen, ob der Lagebericht bzw. Konzernlagebericht insgesamt ein zutreffendes Bild von der Lage des Unternehmens bzw. Konzerns vermittelt und Risiken der künftigen Entwicklung richtig darstellt (§ 322 III HGB).

Einwendungen sind mehr als geringfügige Beanstandungen; unwesentliche Beanstandungen stehen der Erteilung des Bestätigungsvermerks nicht entgegen. Die Trennung von Wesentlichem und Unwesentlichem kann schwierig sein.

2. *Einschränkung und Versagung des Bestätigungsvermerks:* Sind Einwendungen zu erheben, so ist der Bestätigungsvermerk gemäß § 322 IV HGB einzuschränken bzw. zu versagen. Einschränkung und Versagung sind zu begründen; Einschränkungen müssen so dargestellt werden, dass ihre Tragweite deutlich erkennbar wird. Die Versagung ist in den Vermerk aufzunehmen; dieser darf dann nicht als Bestätigungsvermerk bezeichnet werden; stattdessen kommt die Bezeichnung „Versagungsvermerk" in Betracht.

Die Grenzziehung zwischen Einwendungen, die zur Einschränkung führen, und Einwendungen, die die Versagung des Bestätigungsvermerks zur Folge haben müssen, ist schwierig und umstritten.

Betriebsanalyse

Zu einem bestimmten Zeitpunkt vorgenommene Analyse des Betriebes oder seiner Teilbereiche mit den einzelnen Funktionen auf Zustand und Zweckmäßigkeit in Ausstattung, Besetzung, Arbeitsablauf, Kostenstruktur, Wirtschaftlichkeit, Kapazität, Leistungserfolg und Konkurrenzfähigkeit sowie auf organisatorische Tatbestände (Gemeinkostenwertanalyse, Wertanalyse, Organisationsmethodik). Die Betriebsanalyse ist zusammen mit der Produktanalyse potenzieller Ausgangspunkt für die Arbeitsvorbereitung, das Organisationsmanagement sowie das Marketing.

Big Four

Der Berufsstand der Wirtschaftsprüfer ist geprägt durch eine erhebliche Konzentration auf wenige weltweit agierende Prüfungsgesellschaften. Die umsatzstärksten vier Gesellschaften sind Ernst & Young, Deloitte & Touche, KPMG und Price Waterhouse Coopers.

Bilanzmanipulation

Bilanzmanipulation meint illegale Maßnahmen (hauptsächlich in Form von Scheingeschäften), die dem Zweck dienen, Jahresabschluss und Lagebericht (in der Regel) durch Ausschaltung des internen Kontrollsystems so zu gestalten, damit (häufig sehr früh) propagierte Ziele z. B. zu Umsatz und Ergebnis von einem unter *Erfolgsdruck* stehenden Management *unter allen Umständen* erreicht werden.

Buch- und Betriebsprüfung

Vor allem früher übliche Bezeichnung für die turnusmäßige Außenprüfung des Finanzamts.

Buchprüfungsgesellschaft

Gesetzlich geschützte Bezeichnung für die nach den Vorschriften der Wirtschaftsprüferordnung (WPO) als Buchprüfungsgesellschaft anerkannte Prüfungsgesellschaft (§ 133 i.V. mit § 128 I 2 WPO). Eine Buchprüfungsgesellschaft hat die Bezeichnung „Buchprüfungsgesellschaft" zu führen (§ 128 II 1 WPO). Auf Buchprüfungsgesellschaften finden die Vorschriften der WPO über die Anerkennung und die berufliche Niederlassung von Wirtschaftsprüfungsgesellschaften, die Abschnitte über Bestellung, Wirtschaftsprüfungsgesellschaften, allgemeine Vorschriften für das Verwaltungsverfahren, das Berufsregister und das verwaltungsgerichtliche Verfahren sowie des Teils über die Rechte und Pflichten der Wirtschaftsprüfer entsprechende Anwendung (§ 130 II WPO). Buchprüfungsgesellschaften dürfen nach Einführung der Prüfungspflicht für bestimmte GmbHs Jahresabschlussprüfungen als Abschlussprüfer in beschränktem Umfang vornehmen (§ 129 I WPO).

Bundesverband der vereidigten Buchprüfer e.V. (BvB)

Fachorganisation und berufsständische Vertretung der vereidigten Buchprüfer und Buchprüfungsgesellschaften, Sitz in Berlin; 1986 wieder gegründet.

Aufgaben: Der Bundesverband der vereidigten Buchprüfer vertritt die beruflichen und fachlichen Interessen der vereidigten Buchprüfer und Buchprüfungsgesellschaften und hat für die fachliche Förderung seiner Mitglieder und des beruflichen Nachwuchses zu sorgen. Zudem tritt er für einheitliche Grundsätze der unabhängigen, eigenverantwortlichen und fachgerechten Berufsausübung sowie deren Einhaltung durch die Mitglieder ein.

Zusammenarbeit mit anderen Organisationen, vor allem mit dem Institut der Wirtschaftsprüfer in Deutschland e.V. (IDW).

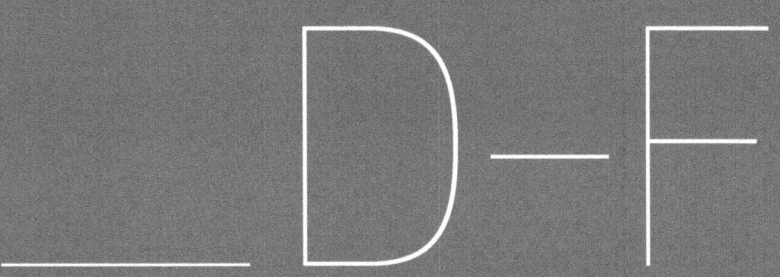

Dauerakte

Teil der Arbeitspapiere (Jahresabschlussprüfung), der für wiederkehrende Prüfungen relevant ist. Die in der Dauerakte enthaltenen Unterlagen sind grundsätzlich mehrjährig relevant, sind aber regelmäßig zu aktualisieren.

Depotprüfung

Gemäß § 29 II 2 KWG in der Regel jährlich vorzunehmende Prüfung (Wirtschaftsprüfung) bei Kreditinstituten, die das Depotgeschäft betreiben, im Rahmen der Jahresabschlussprüfung durchzuführen.

Prüfungsinhalte: Alle Teilbereiche des Depotgeschäftes und ihre ordnungs- und gesetzmäßige Handhabung. Einhaltung des § 128 AktG über die Mitteilung durch Kreditinstitute und des § 135 AktG über die Ausübung des Stimmrechts durch Kreditinstitute.

Prüfer: Die von Kreditinstituten bestellten Depotprüfer (Wirtschaftsprüfer, Wirtschaftsprüfungsgesellschaften, die Prüfungsstellen der Sparkassen- und Giroverbände und die genossenschaftlichen Prüfungsverbände der Kreditgenossenschaften (Prüfungsverband)) sind der Bundesanstalt für Finanzdienstleistungsaufsicht (BaFin) anzuzeigen. Diese kann die Bestellung eines anderen Prüfers verlangen und nötigenfalls eine Bestellung durch das Amtsgericht (Registergericht) herbeiführen (§ 28 KWG).

Deutscher Industrie- und Handelskammertag (DIHK)

Spitzenorganisation der Industrie- und Handelskammern (IHK) des Bundesgebietes; Sitz in Berlin.

1. *Aufgaben:*

(1) Förderung und Sicherung der Zusammenarbeit der Industrie- und Handelskammern;

(2) Wahrung und Durchsetzung der Belange der gewerblichen Wirtschaft gegenüber den Instanzen des Bundes und der Gesetzgebung;

(3) Repräsentation der deutschen Wirtschaft aller Stufen und Branchen und ihrer regionalen Gliederungen;

(4) Zusammenarbeit mit den Industrie- und Handelskammern des Auslandes, besonders mit den Auslandshandelskammern (AHK).

2. *Organe:* Mitgliederversammlung (Vollversammlung), deren Mitglieder alle 80 IHK sind; Vorstand, zusammengesetzt aus dem Präsidenten, der von der Vollversammlung jeweils für ein Jahr gewählt wird, und mindestens 21, höchstens 24 Mitgliedern.

3. *Geschäftsführung,* bestehend aus der Hauptgeschäftsführung und Abteilungen (Absatzwirtschaft, Außenwirtschaft, Verkehr, Finanzen und Steuern, Recht, Berufsbildung, Volkswirtschaft, Information, Industrie, Strukturpolitik und Umweltschutz, Weiterbildung).

EDV-Systemprüfung

1. *Bedeutung:* Methode zur indirekten Prüfung der Funktionsfähigkeit der Buchführung. Bei Verwendung von EDV-Anlagen in der Buchführung, unter anderem aufgrund automatisierter Buchungsabläufe, resultiert eine erheblich geringere Fehlerhäufigkeit, es sei denn, das Verarbeitungsverfahren selbst ist fehlerhaft. Die EDV dient der Beurteilung, inwieweit die vom Prüfer vorgefundenen, elektronisch verarbeiteten Informationen verlässlich sind bzw. inwiefern systemimmanente fehlerhafte Verarbeitungs- und Korrekturregeln die Verlässlichkeit der ausgewiesenen Daten beeinträchtigen. Gegenstand der EDV-Systemprüfung sind die automatisierten Verarbeitungs- und Kontrollregeln. Bei fortschreitendem Einsatz von EDV-Standardanwendungen mit unternehmensindividuellen Anpassungsmöglichkeiten liegt das Prüferaugenmerk weniger auf den Kernelementen der Software als vielmehr auf den durch das zu prüfende Unternehmen vorgenommenen spezifischen Modifikationen.

2. *Prüfungsinhalte:*

a) Prüfung der *Programmdokumentation:* Ob die EDV-Dokumentation geeignet ist, die Datenverarbeitung in der Unternehmung genügend nachzuweisen; ob sie über den Inhalt der Verarbeitungsprozesse informiert, damit die EDV-Buchführung unter Einbeziehung von Ein- und Ausgabedaten verständlich wird.

b) Prüfung des *Verarbeitungsverfahrens*, d.h. ob die der Verarbeitung zugrunde liegenden Regeln korrekt sind, anhand folgender Techniken:

(1) *Arbeitswiederholung:* Für einzelne in sich geschlossene Arbeitsgebiete werden Programmabläufe wiederholt. Damit kann jedoch weder die Richtigkeit noch die effektive Verwendung des Programms bestätigt werden; nicht erklärbar ist auch, ob die Daten der Urbelege richtig und vollzählig auf die Datenträger übertragen wurden. Außerdem können Probleme technischer Art bedeutungsvoll sein, wenn z. B. bei integrierter Datenverarbeitung die gespeicherten Daten ohne Zwischenausdruck fortgeschrieben werden.

(2) *Testfallverfahren:* Statt der tatsächlichen Eingabedaten werden konstruierte Abrechnungsdaten verarbeitet. Stimmen die dabei gewonnenen Ergebnisse mit den Ergebnissen einer Vorberechnung überein, so hat ordnungsmäßige Verarbeitung des Zahlenmaterials durch die Anlage stattgefunden. Der Prüfer muss die konstruierten Eingabedaten so aufbauen, dass die Funktionsfähigkeit der einzelnen Programminstruktionen sowie der sachliche Inhalt eines Programms und der Zusammenhang mit anderen Programmen des gleichen Arbeitsgebiets geprüft werden. Der Beweis der vollständigen Richtigkeit des Programms kann nicht erbracht werden, sondern nur der Nachweis, dass die konstruierten Eingabedaten nicht falsch verarbeitet wurden. Nicht alle möglichen Eingabedatenkombinationen können aufgrund der großen Anzahl durch Testfälle abgedeckt werden.

(3) *Sachlogische Programmprüfung:* Verfolgung von einzelnen Programmschritten in Programmablaufplänen und -listen (kodierten Programmen). Aus dem detaillierten Programmablaufplan erfolgt in der Regel das technische Programmieren (Kodieren); deshalb führen mit hoher Wahrscheinlichkeit alle logischen Fehler auch zu Fehlern im Programm. Notwendig ist, den Programmablauf für verschiedene Eingabedatenkombinationen zu verfolgen und zu beurteilen, ob alle praktisch denkbaren Buchungsfälle berücksichtigt sind und ob der Programmablauf einen geschlossenen Kreislauf darstellt. Voraussetzung für die Anwendung dieser Technik ist,

dass der Prüfer über die erforderlichen Kenntnisse verfügt und dass der Zeitaufwand nicht unangemessen hoch ist.

3. *Prüfungszeitpunkte:*

a) Prüfung *bei* Programmerstellung: Einbeziehung des Abschlussprüfers bereits bei der Konzipierung.

b) Prüfung *vor* Programmübernahme: Der Abschlussprüfer prüft vor der Übernahme eines Arbeitsgebietes in die EDV.

c) Prüfung *nach* Programmübernahme: Aufgrund eventueller Beanstandungen durch den Prüfer können bei Prüfung nach Einbeziehung eines Arbeitsgebietes in die EDV aufwendige Systemänderungen erforderlich werden. Deshalb in der Regel weniger sinnvoll.

Eigenverantwortlichkeit des Wirtschaftsprüfers

I. *Position und Wesen der Eigenverantwortlichkeit*

Die Berufspflichten des Wirtschaftsprüfers (WP) sind umfangreich und bedeutend. Folgt man der Wirtschaftsprüferordnung (WPO) und dem Katalog des vom Institut der Wirtschaftsprüfer (IDW) herausgegebenen Wirtschaftsprüferhandbuches (WPH), der sich an der WPO orientiert, dann gehören hauptsächlich dazu: Eigenverantwortlichkeit, Gewissenhaftigkeit, Unabhängigkeit (mit ihrer wichtigen Komponente der Unbefangenheit), Unparteilichkeit und Verschwiegenheit.

„Der WP ist gehalten, seinen Beruf *eigenverantwortlich* auszuüben. Er hat sein Handeln in eigener Verantwortung zu bestimmen, sich selbst ein Urteil zu bilden und seine Entscheidungen selbst zu treffen. Er muss die Tätigkeit seiner Mitarbeiter so überblicken und beurteilen können, dass er sich selbst eine auf Kenntnis beruhende eigene fachliche Überzeugung bilden kann … . Der WP darf keinen fachlichen Weisungen unterliegen, die ihn verpflichten, insbesondere Prüfungsberichte und Gutachten auch dann zu unterzeichnen, wenn sich ihr Inhalt nicht mit seiner Überzeugung deckt." (WPH 2012, S. 96)

Im Hinblick auf die Aufgabenstellung des Wirtschaftsprüfers, die hohen öffentlichen Erwartungen und die Stärke ihrer Bindungswirkung darf man der Eigenverantwortlichkeit die Stellung einer „prima inter pares" unter den Berufspflichten einräumen. Dass ihr eine *Leitfunktion* zukommt, ist auch daran zu erkennen, dass in jeden Vorspann für die einzelnen IDW-Prüfungsstandards, die als Richtlinien für die Behandlung bestimmter Themen durch Wirtschaftsprüfer gelten, eine besondere Vorbehaltsklausel mit dem Titel aufgenommen wurde „Unbeschadet ihrer Eigenverantwortlichkeit".

II. *Pflichtverletzungen und Kritik*

1. *Nicht erkannte Verstöße gegen Rechnungslegungsvorschriften:* Bereits seit vielen Jahren gerät der Berufsstand regelmäßig unter starke Kritik, weil die Öffentlichkeit, im Wesentlichen aber diejenigen, die als Anteilseigner, Mitarbeiter und Lieferanten ein unmittelbares Interesse an einem Unternehmen haben, kein Verständnis dafür aufbringen können, dass *bewusst* falsche Angaben in Jahres- oder Zwischenabschlüssen von den zuständigen Prüfern nur verspätet oder überhaupt nicht aufgedeckt wurden.

Erst mit der Betrachtung einer weltweiten Zeitreihe, die bereits Ende der 1980er-Jahre beginnt, wird deutlich, dass die Öffentlichkeit immer wieder mit gravierenden Vorfällen (bis hin zur schadensbedingten Auflösung einer großen WP-Gesellschaft) konfrontiert wurde. Laut Presseinformationen handelte es sich um:

Scheingeschäfte

(1) Fiktive Umsätze: Beluga, Biodata, BMS, CA, Enron, Flowtex, Merck, Phönix, Reliant, Thielert,

(2) Andere Scheingeschäfte: Ision, Parmalat (fiktive Finanzanlagen), Refugium.

Sonstige Verstöße

(1) Aufwand falsch behandelt: CA, Dell, RIM, Worldcom,

(2) Einnahmen falsch dargestellt: AOL,

(3) Erträge zu hoch ausgewiesen: Ahold,

(4) Umsätze zu früh gebucht: EM.TV, Kmart, Xerox, Qwest,

(5) Verluste zu niedrig ausgewiesen: Alstom,

(6) Vorräte teilweise falsch bilanziert: Boss.

2. *Ursachen für pflichtwidriges Verhalten:*

a) *Die Anfälligkeit von Prüfungskonzepten:* Wer sich mit den einzelnen Verstößen beschäftigt, wird sich die Frage stellen, wie es geschehen konnte, dass Fehler mit einer großen Dimension lange Zeit unerkannt blieben. Ein ganzes *Bündel* von Faktoren mit jeweils unterschiedlichen Ausprägungen, beispielsweise

(1) die Förderung des Karrieredenkens, die zu einem *Abbau* des qualifizierten Mittelbaus in den WP-Gesellschaften geführt hat,

(2) eine zunehmende *Befangenheit* durch den starken Einfluss des Beratungsgeschäftes,

(3) ein fehlgeleitetes Denken in *Dokumentationsformalismen,*

(4) ein enormer *Honorardruck,* ausgelöst durch einen zunehmenden Wettbewerb,

(5) vorauseilende *Reviews* von Quartalsabschlüssen, die der eigentlichen Jahresabschlussprüfung die Kraft rauben und ihr damit ihr ureigenes Profil nehmen und

(6) ein ausgeprägtes *Wachstumsdenken,* das regelmäßig zu einer Ausdünnung von Prüfungsteams führt, weil erfahrene Mitarbeiter bei neuen Mandanten benötigt werden,

war der Grund dafür, dass die Einstellung zur Eigenverantwortlichkeit erheblich an Bedeutung verloren hat.

Man versucht zwar, unterstützt durch modifizierte nationale und internationale Standards, sich stärker auf veränderte Risikoprofile und die Risikovernetzung zu konzentrieren, aber *neue* Gefahren drohen, wenn man erfährt, dass Forderungen nach einer „höheren Geschwindigkeit der

Prüfung" diskutiert werden. Wenn das Management der Mandanten dann aus Erfahrung weiß, dass

(1) Abschlussprüfer nach bestimmten Themen (z. B. nach Länderrisiken) gar nicht mehr *fragen*,

(2) man ein Team, seine Unerfahrenheit und Zeitnot ausnutzend, leicht mit *überredenden*, aber keineswegs zwingenden Unterlagen und Informationen über Prüfungsdifferenzen zufriedenstellen kann oder dass

(3) sich dieses leicht durch Spielen auf *Zeit* oder durch *Einschüchterung* von problembehafteten Feldern fernhalten lässt und mit kleineren Feststellungen bereits zufrieden ist,

dann werden bereits die ersten Weichen für das Unheil gestellt. Es bedarf dann nur noch besonderer Umstände – in der Regel ausgelöst durch die Erkenntnis, dass ein intern gefordertes und extern (häufig zu früh) „propagiertes Jahresergebnis" nicht durch den sich abzeichnenden Geschäftsgang zu erreichen sein wird -, um den bereits vorhandenen Gedanken an eine *Bilanzmanipulation* in die Tat umzusetzen.

b) *Konsultationsresistenz:* Selbstüberschätzung und Budgetdiktate haben in vielen Fällen dazu geführt, dass auf eine *Konsultation* ganz oder teilweise verzichtet wurde. Das ist umso erstaunlicher, als technologische Entwicklungen (z. B. die Auswirkung von Innovationen), Marktvolumina (z. B. Verbreitung bestimmter Produkte) oder spezifische Sachverhalte (z. B. der Stand eines Gerichtsverfahrens) in Anbetracht ihrer enormen Komplexität die Einholung von externem Rat geradezu herausfordern. Außerdem darf nicht übersehen werden, dass auf Dauer fehlende bzw. unzureichende Konsultation die *Unabhängigkeit* des Wirtschaftsprüfers gefährdet.

c) *Das Beharrungsvermögen:* Prüfungsschwerpunkte haben immer wieder ein merkwürdiges *Beharrungsvermögen*. Man wird der dynamischen Entwicklung eines Unternehmens aber nicht gerecht, wenn man das in der Regel knappe Zeitbudget unverändert auf die einzelnen Abschlusspositionen verteilt. Die *Zuordnung* ist unter dem Gesichtspunkt der *Wesentlichkeit* (unter Umständen jährlich) anzupassen.

d) *Reduzierte Signalfunktionen:* Auf den einzelnen Plattformen (Verwaltungsräte, Wirtschaftspresse, Hochschulen und Verbände) herrschen neue Bedingungen.

(1) *Abweichungen* von bewährten Geschäftsmodellen (insbesondere bei Banken) und die damit verbundenen Risiken werden nur unzureichend untersucht,

(2) die Wirtschaftspresse hat sich, lediglich Schlagworte benutzend, weitestgehend abgewöhnt, die *Aufgaben* der Abschlussprüfer und die erforderliche Sicherheit ihrer Aussagen zur Diskussion zu stellen,

(3) Hochschulaktivitäten – zum Teil von Wirtschaftsprüfungsgesellschaften finanziell unterstützt - und die Berufsverbände, auf die Justierung *theoretischer* Anforderungen spezialisiert und vor *Fehleranalysen* häufig zurückschreckend, lassen eine auffällige Scheu erkennen, sich mit der *Verantwortung* der Abschlussprüfer insbesondere im Zusammenhang mit der sich 2007 anbahnenden Finanzkrise auseinanderzusetzen bzw. Gerichtsurteile über Fehlverhalten (siehe dazu die Stellungnahme des OLG Düsseldorf zur Geschäftsführung und Überwachung der IKB Industriekreditbank) kritisch zu würdigen.

Prüfungskonzepte unterliegen keinem (ehrlichen) *Anpassungszwang*, wenn private und öffentliche Monita fehlen bzw. unberücksichtigt bleiben. Die Eigenverantwortlichkeit leidet, wenn über *bedeutende* Maßstäbe für die Berufsausübung nicht mehr diskutiert wird.

III. *Komponenten der Eigenverantwortlichkeit*

1. *Kenntnisse über die Geschäftstätigkeit:*

a) *Selbstbestimmung materieller Prüfungshandlungen:* Wenn ein Unternehmen einen ungeprüften Abschluss vorlegt, dann erklären seine Repräsentanten, dass alle Positionen *vollständig* sind, dem Unternehmen (rechtlich oder wirtschaftlich) gehören (Eigentum), *bestehen* (also tatsächlich existieren), richtig *bewertet*, korrekt *ausgewiesen* und *genau* ermittelt wurden. Es ist nun ein wesentliches Merkmal einer kritischen Grundhaltung, dass der Abschlussprüfer diese Erklärungen zunächst einmal als „reine

Behauptungen" auffasst. *Persönliche* Verantwortung wird dann deutlich, wenn er

(1) sich auf der Grundlage *eigener*, durch Sorgfalt erarbeiteter Kenntnisse über die Geschäftstätigkeit ausreichende und angemessene, d.h. Scheingenauigkeit verhindernde *Nachweise* dafür verschafft, dass *alle* (durch das Interne Kontrollsystem angeblich gestützten) Erklärungen stimmen, und

(2) aufgrund *eigener* Überzeugung ein *Prüfungskonzept* entwickelt, in dem auf Behauptungen zugeschnittene *Prüfungsziele* sachgerecht gewichtet sind, und der Einsatz der *Prüfungstechnik* (Vergleich, Augenscheinnahme, Befragung, Beobachtung, Bestätigung, Einsichtnahme, Nachrechnen und aus Gründen der Vorsicht eine nochmalige Einsichtnahme) der Lage und der Entwicklung des Unternehmens gerecht wird.

Stehen Unternehmen unter Ertragsdruck, lässt sich ihr Management regelmäßig verführen, z.B. Forderungen auszuweisen, die de jure (noch) gar *nicht existieren*. Ohne die *Einsichtnahme* in Originaldokumente und die Prüfung der dort *behaupteten* Vorgänge (z.B. Auftrag, Versand, Rechnung und Bezahlung) sind aber *Täuschungen* (z.B. fiktiver Umsatz und angeblicher Gewinn) nicht zu erkennen. Es ist allein die systematisch strenge Koppelung der Prüfungstechnik (z.B. die Einsichtnahme in Dokumente) an das jeweilige Prüfungsziel (z.B. der Nachweis, dass eine Forderung auch besteht), die ein wirkungsvolles Arbeitskonzept auszeichnet.

b) *Identifizierung von Schlüsselelementen:* Um aus Dokumenten des Rechnungswesens die notwendigen Schlüsse ziehen zu können, benötigt man *solide* Firmen- und Branchenkenntnisse. In vielen Fällen wären von den internen und externen Prüfern umfangreiche Unterlagen (z.B. zum Übergang vom reinen Liefer- zum Systemgeschäft oder zu Art und Umfang von Garantievereinbarungen) zu analysieren gewesen, und es besteht Verdacht, dass

(1) eine sorgfältige *Analyse* entweder gar nicht stattgefunden hat - vieles lässt sich ja nach Meinung sogenannter Experten bereits mit Plausibilitätsprüfungen und offenen Gesprächen mit dem Management schnell klären -,

(1) die vorgesehene *Prüfungszeit* - gemessen am Umfang des Geschäftsvolumens - zu kurz war oder dass

(2) die Prüfungen von Mitarbeitern durchgeführt wurden, die aufgrund ihrer Vorkenntnisse gar nicht in der Lage waren, Risiken zu erkennen und das notwendige *Problembewusstsein* zu entwickeln.

Zu Recht haben daher Arricale/Bell/Solomon/Wessels in ihrer Abhandlung „Strategic-Systems Auditing" auf Folgendes hingewiesen: „Note that in many cases of alleged audit failure, the reported facts and circumstances suggest that the auditor did not fully understand the client's business, the productive capacity for the industry, or other key elements of the business environment comprising the organisation's value chain." Und es ist sicherlich kein Zufall, dass die japanische „Financial Services Agency" im Jahre 2006 der dortigen Tochter einer international tätigen WP-Gesellschaft die Berufsausübung für zwei Monate mit der Begründung verbot, im Rahmen ihrer Abschlussprüfungen keine ausreichenden Kontrollen zur *Verhinderung* von Bilanzmanipulationen installiert zu haben.

c) *Berücksichtigung von Verfallzeiten:* Eng verbunden mit den Kenntnissen über die Geschäftstätigkeit ist das Bewusstsein, dass sich Geschäftsmodelle, Technologien und Abläufe in dynamischen, insbesondere von der Globalisierung geprägten Unternehmen schnell ändern. Die Geschwindigkeit dieser Veränderung bestimmt die *Verfallzeit* der im Rahmen früherer Prüfungen gewonnenen Erkenntnisse. Es muss dann auch zu den Grundsätzen einer *gewissenhaften* Planung gehören, im Budget *stets* einen Posten für die Prüfung (von Teilen) des Internen Kontrollsystems vorzusehen, um schwierige Nachverhandlungen zu vermeiden, und die (unter Umständen deutlich geäußerten) *Erwartungen* des Managements, das Prüfungsvolumen könne nun aufgrund zunehmender Erfahrung sukzessive abgebaut werden, rechtzeitig zu zerstreuen. Der Abschlussprüfer muss - gegebenenfalls auch unter Inkaufnahme eines *Verlustauftrages* - von Jahr zu Jahr *selbst* entscheiden, wie viel Zeit er für seine Arbeit mit wechselnden Perspektiven benötigt.

2. *Schaffung von Transparenz:* Ein wesentliches Element der Eigenverantwortlichkeit ist die *Bestimmtheit,* d.h. der eindeutige Wille, den Dingen *wirklich* auf den Grund zu gehen und einen Honorarzwang nicht zu akzeptieren. Die Erfahrung der vergangenen 20 Jahre hat gezeigt, dass dieser Wille regelmäßig durch Kontrollillusionen und den opportunistischen Gedanken: „Es wird schon stimmen", außer Kraft gesetzt wurde. Das war hauptsächlich dann der Fall, wenn sich dem Abschlussprüfer bei seiner Arbeit „Black Boxes" in den Weg gestellt haben, (nach Brockhaus) Zellen, bei denen „vorwiegend das Zusammenwirken mit anderen ähnlichen Teilen betrachtet wird, während an ihrem inneren Aufbau kein wesentliches Interesse besteht oder dieser sogar unbekannt ist". Bei diesen Zellen handelte es sich unter anderem um

(1) das Arbeitsgerüst von *Rating-Agenturen* (Bewertung strukturierter Finanzprodukte),

(2) die externe *Verwaltung* von großen Vermögen (Madoff, Stanford),

(3) den *Marktmechanismus* beim Absatz von Spezialprodukten (Flowtex),

(4) das *Interne Kontrollsystem* für Termingeschäfte (Barings),

(5) die *eigentümergeprägte* Unternehmenshierarchie (Satyam),

(6) den logistischen *Rahmen* von Geldtransporten und seine juristische *Basis* (Heros),

(7) den *Beschaffungsapparat* gesundheitsgefährdender Spielzeuge (Mattel).

Der Verzicht auf eine Zell-Analyse und der dadurch verursachte Verlust an Reichweite führten dazu, dass die Überbewertung von Vermögensgegenständen verkannt, die Unvollständigkeit von Rückstellungen übersehen und Unterschlagungen zu spät entdeckt wurden. Dass dieser Verzicht auch eine unerlaubte Delegation von Vertrauen bedeutete, ist im Grunde genommen gar nicht zur Sprache gekommen.

3. *Egalisierung von Machtverhältnissen:* Wenn Fehlprognosen, risikoreiche Geschäfte, dubiose Zahlungen, Quersubventionierungen zwischen Geschäftsfeldern oder Spannungen zwischen Vorstand und Aufsichtsrat

unter Ausblendung moralischer Kategorien verschwiegen werden, dann arbeitet der Abschlussprüfer unter höchst komplizierten Bedingungen. Er kann sich aber dadurch in eine solide Stellung bringen, indem er das Management auf *Unternehmens- und Prozessebene* aufgrund seiner Sachkunde, Skepsis und Ausdauer mit einer Reihe von (protokollierten) Fragen konfrontiert und es damit entweder zu einer umgehenden Offenlegung von Daten oder zur bewussten Täuschung zwingt. Es ist nämlich ein großer Unterschied, ob man sich *gegenstandslos* nach Verträgen oder Sachverhalten erkundigt oder ob man *gezielt* z. B. nach wettbewerbsbeeinflussenden Absprachen (im Rahmen von Zusatzvereinbarungen) fragt, wenn man weiß, dass *Bußgelder* (z. B. von der EU-Kommission verhängt) eine nicht zu unterschätzende Bedeutung haben, Details einer Gewinn- und Verlustanalyse von Verträgen mit (ausländischen) *Subunternehmern* wissen will, wenn man die Struktur so genannter *Vergabelisten* (insbesondere im Anlagenbau) kennt oder *Liquiditätsgarantien* und *Kooperationsrisiken* zur Sprache bringt, die im Rahmen bestimmter Geschäfte eine entscheidende Rolle spielen können.

Mit dieser *Konfrontation* ist das Gleichgewicht der Positionen grundsätzlich wiederhergestellt. Eigenverantwortlichkeit entfaltet nur durch *Bestimmtheit* Kraft, akzeptiert keine Unterbrechung von *Kausalketten* und schließt jede Form von *Kollusion* im Sinne eines „geheimen Einverständnisses" mit Unregelmäßigkeiten aus.

4. *Einbindung von Mitarbeitern:* Wer über die *Dimensionen* der Eigenverantwortlichkeit nachdenkt, wird V.H. Peemüller folgen müssen, der nicht nur auf den Berufsträger selbst und die Übernahme von Ergebnissen Dritter, sondern insbesondere auf den *Einsatz* qualifizierter Mitarbeiter verweist.

„In der WP-Praxis muss eine angemessene praktische und theoretische Ausbildung des Berufsnachwuchses und Fortbildung der fachlichen Mitarbeiter nach Maßgabe der spezifischen Anforderungen der WP-Praxis organisiert werden" (Punkt 4.3.2 der „Gemeinsamen Stellungnahme der Wirtschaftsprüferkammer und des IDW: Anforderungen an die Qualitätssicherung in der Wirtschaftsprüferpraxis")

Die *Fürsorge* für seine Mitarbeiter ragt in die Eigenverantwortung des Abschlussprüfers hinein. Auch an deren fachlicher und persönlicher Eignung wird er sozusagen im *Durchgriff* gemessen. „Ihre Tätigkeit muss immer noch den Stempel der Persönlichkeit des WP tragen" (WPH 2012, S. 97). Er kann sich nur unter der Voraussetzung auf sie verlassen, dass er sie rechtzeitig mit der Überlegenheit *strategischer Einheiten* (Verbindung zwischen Prüfungszielen und Prüfungstechnik) und deren innerer Ordnung vertraut macht und damit ihre *Diagnosefähigkeit* insbesondere in Krisen schult, unter Betonung des *Systemdenkens* gezielt auf ein Informationsniveau hebt, das seinem eigenen entspricht. *Informationssymmetrie* ist aber nur gewährleistet, wenn der Abschlussprüfer die Ergebnisse seiner Aufklärungsarbeit, die bei Beginn der Prüfung vorliegen, im Verlaufe der Arbeiten erweitert werden und bei Beendigung des Auftrages die Berichterstattung prägen, dem Team zeitnah zur Verfügung stellt, bei der Überwindung von *Sprachbarrieren* (nach H.J. Meyer: „beim Lesen und verstehenden Hören anspruchsvoller Texte in anderen Sprachen") und bei der *Datenentschlüsselung* (z. B. bei der Zuordnung von Ergebniskomponenten) kollegial unterstützt, und sie nachhaltig insbesondere dann kontrolliert, wenn sie im *Ausland* (z. B. bei einer Tochtergesellschaft) arbeiten.

5. *Bündelung der Berufspflichten:* In ihrer Rolle als „prima inter pares" dirigiert die Eigenverantwortlichkeit die *konzertierte Aktion* der Berufspflichten des Wirtschaftsprüfers. Die Unabhängigkeit verhindert fremden Einfluss auf die Verfolgung von Prüfungszielen und garantiert deren sachgerechte Gewichtung. Die Gewissenhaftigkeit erzeugt den Mut zur (mehrfachen) Einsichtnahme in Dokumente und zur hierarchieunabhängigen Befragung. Die Unparteilichkeit filtert Informationen zugunsten eines Urteils, das mit hinreichender Sicherheit zu formulieren ist. Die Verschwiegenheit schützt die Stabilität des kenntnisreich-eigenen Prüfungskonzeptes. Auf diese Weise entsteht ein *geschichteter* Maßstab, der von der Eigenverantwortlichkeit geprägt ist. Diese liefert auch das Bindemittel in Form der entsprechenden *Ethik*.

IV. *Sicherung einer freien Berufsausübung*

Ein Bestätigungsvermerk setzt im Sinne eines „nomen actionis" eine eigenverantwortliche Arbeit voraus. Das *Urteil* des Abschlussprüfers, in dem kategorisch die Frage beantwortet wird, ob der Abschluss korrekt erstellt wurde und durch das in besonderer Form versichert wird, dass er aufgrund gewissenhafter Analysen zu wesentlichen Erkenntnissen gekommen ist, schafft dann auch eine solide Basis für individuelle Entscheidungen der *Abschlussadressaten*. Es macht zugleich die Probleme deutlich, die dann entstehen, wenn diese Basis durch leichtsinnig verursachte *Fehltestate* zerstört wird.

Die oben dargelegten Verstöße gegen Vorschriften der Rechnungslegung sind umso erstaunlicher, als die amerikanische Börsenaufsichtsbehörde SEC (Securities & Exchange Commission) sich bereits seit vielen Jahren mit Bilanzmanipulationen beschäftigte, deren Zweck es war, dem Anleger eine „stetige und berechenbare Ergebnisentwicklung" zu präsentieren. *Appelle* an die Eigenverantwortung, Hinweise auf steigende Regressvolumina und deutliche Warnungen der SEC haben offensichtlich nicht ausgereicht, nationale und internationale Abschlussprüfer für die Raffinesse des Managements zu sensibilisieren, Bilanzpolitik in der Absicht zu missbrauchen, gesetzte Ziele (z. B. bei Umsatz oder Ergebnis) „unter allen Umständen" zu erreichen. Wer aber die Eigenverantwortlichkeit und die durch sie gebündelten Berufspflichten missachtet, ruft in zunehmendem Umfang den Gesetzgeber auf den Plan (siehe dazu insbesondere das Grün-Buch der EU-Kommission von 2010) und setzt eine dauerhaft *freie Berufsausübung* leichtfertig aufs Spiel.

Entscheidungserhebliche Sachverhalte

Der Begriff wird unter anderem auch im Bereich der Jahresabschlussprüfung verwendet. „Entscheidungserheblich" kann sowohl die Position des *Abschlussadressaten* als auch die Position des Wirtschaftsprüfers betreffen. Wenn das Unternehmen eine bestimmte Umsatz- oder Ergebnisgrenze überschritten hat (ein Vorgang, der unter Umständen schon frühzeitig von der Geschäftsleitung „annonciert" wurde), dann muss der Abschlussprüfer damit rechnen, dass die Abschlussadressaten bestimmte Entscheidungen von diesem Ereignis abhängig machen. Er ist demgemäß aufgefordert, sorgfältig der Frage nachzugehen, ob die Grenze im normalen Gang der Geschäfte überschritten wurde oder ob dies nur mit bestimmten (legalen oder illegalen) Mitteln möglich war (Bilanzpolitik).

Die Prüfungsziele des Abschlussprüfers richten sich immer nach den Abschlussaussagen des Managements. Wenn dieses z. B. im Rahmen neuer Anlagen- oder Systemgeschäfte die Aussage trifft (die Behauptung aufstellt), dass Umsatz und Gewinn zu Recht realisiert wurden (Realisationsprinzip), dann benötigt der Abschlussprüfer ausreichende und angemessene Nachweise, dass diese Aussage stimmt. Für ihn ist also die Entscheidung wichtig, ein ganz bestimmtes Prüfungsziel (hier den Bestand von Forderungen) mit Nachdruck zu verfolgen.

Externe Qualitätskontrolle

Verfahren zur Sicherstellung der Qualität der Abschlussprüfung, bei dem in Deutschland der Peer Review zur Anwendung kommt.

Jeder Wirtschaftsprüfer muss, um gesetzlich vorgeschriebene Abschlussprüfungen durchführen zu dürfen, an der externen Qualitätskontrolle teilnehmen (Einzelheiten des Verfahrens sind in der Wirtschaftsprüferordnung (WPO) geregelt). Der Prüfer hat die Angemessenheit und Wirksamkeit seines Qualitätssicherungssystems alle drei Jahre im Rahmen einer risikoorientierten betriebswirtschaftlichen Prüfung durch einen anderen Wirtschaftsprüfer, den sogenannten Prüfer für Qualitätskontrolle, überprüfen zu lassen. Verantwortlich für das System der externen Qualitätskontrolle in Deutschland ist die Kommission für Qualitätskontrolle der Wirtschaftsprüferkammer (WPK), die die Teilnahme an der externen Qualitätskontrolle bescheinigt und bei festgestellten Mängeln gegebenenfalls auch Auflagen oder Sonderprüfungen anordnen bzw. die Bescheinigung verweigern kann. Das System wird überwacht durch einen Qualitätskontrollbeirat, der aus nichtberufsangehörigen Fachleuten besteht.

In den USA und Großbritannien wird im Rahmen der externen Qualitätskontrolle ein Monitoring durchgeführt. Die Einführung einer externen Qualitätskontrolle im Berufsstand der Wirtschaftsprüfer geht auf das Wirtschaftsprüferordnungs-Änderungsgesetz (WPOÄG) aus dem Jahr 2000 zurück. Jeder Wirtschaftsprüfer, der weiterhin gesetzlich vorgeschriebene Abschlussprüfungen durchführen wollte, war durch dieses Gesetz gezwungen, sich einer externen Qualitätskontrolle zu unterziehen. Soweit er Abschlussprüfungen von börsennotierten Unternehmen vornahm, musste er dies bis spätestens zum Ende des Jahres 2002 tun. Für Berufsangehörige, die nur bei nicht-börsennotierten Unternehmen Abschlussprüfungen durchführten, endete die Frist erst mit dem Ende des Jahres 2005. Nach der ersten Qualitätskontrolle musste eine solche bislang spätestens alle drei Jahre wiederholt werden. Durch das Inkrafttreten des Berufsaufsichtsreformgesetzes (BARefG) am 6.9.2007 wurde dieser Zyklus für Wirtschaftsprüfer, die keine Abschlussprüfungen von Unternehmen des öffentlichen Interesses im Sinne des § 319a HGB durchführen, auf sechs Jahre verlängert.

Fédération des Experts Comptables Européens (FEE)

Europäischer Zusammenschluss von 43 Organisationen wirtschaftsprüfender Berufe aus 32 Ländern; Sitz in Brüssel; regionale Einrichtung im Rahmen der International Federation of Accountants (IFAC). Mitglied ist unter anderem das Institut der Wirtschaftsprüfer in Deutschland e.V. (IDW).

Feststellung

Teilprozess des Soll-Ist-Vergleichs im Rahmen einer Prüfung, der der vertrauenswürdigen Ermittlung gegebener Sachverhalte dient. Feststellung erfolgt durch Anlegen eines vorgegebenen Maßstabs an den realen Tatbestand (Messen, Zählen, Wiegen oder Schätzen realer Größen) oder Einblicknahme in Dokumente.

Financial Auditing

Auf das Finanz- und Rechnungswesen bezogene Revision (Prüfung).

___ G–J

Genossenschaftliche Pflichtprüfung

1. *Begriff und rechtliche Grundlage:* Die genossenschaftliche Pflichtprüfung ist die gesetzlich vorgeschriebene Jahresabschlussprüfung für Genossenschaften, geregelt in dem die Erwerbs- und Wirtschaftsgenossenschaften betreffenden Gesetz (Genossenschaftsgesetz). Jährliche Prüfung bei einer Bilanzsumme über 2 Mio. Euro; andernfalls Prüfung mindestens in jedem zweiten Geschäftsjahr (§ 53 I GenG).

2. *Gegenstand:* Zu prüfen sind Einrichtungen, Vermögenslage und Geschäftsführung der Genossenschaft einschließlich der Führung der Mitgliederliste, um die wirtschaftlichen Verhältnisse und die Ordnungsmäßigkeit der Geschäftsführung feststellen zu können. Im Rahmen der genossenschaftlichen Pflichtprüfung ist der Jahresabschluss unter Einbeziehung der Buchführung und des Lageberichts zu prüfen (§ 53 II 1 GenG).

3. *Besonderheiten:* Die genossenschaftliche Pflichtprüfung erfasst die Genossenschaft als Ganzes; sie ist nicht auf die im Rahmen einer Jahresabschlussprüfung prüfungsrelevanten Bereiche beschränkt. Bei Prüfung der genossenschaftlichen Einrichtungen erfolgt auch eine Analyse und Beurteilung der betrieblichen Organisation und Leistungsfaktoren; die Prüfung der Vermögenslage entwickelte sich zu einer umfassenden Prüfung des Jahresabschlusses bei Einbeziehung der Buchführung und des Lageberichts unter eingehender Analyse der wirtschaftlichen Verhältnisse (einschließlich derer Entwicklung; vgl. § 53 II 2 GenG, §§ 316 III, 317 I 2, 3, II HGB). Der Prüfung unterliegen in diesem Zusammenhang auch Umfang, Entwicklung und Intensität der leistungswirtschaftlichen und mitgliedschaftlichen Beziehungen zwischen der Genossenschaft und ihren Mitgliedern. Eine Überprüfung der Geschäftsführung erfolgt nicht nur auf ihre formale Ordnungsmäßigkeit, sondern auch auf die Zweckmäßigkeit der getroffenen Entscheidungen.

4. *Probleme:* Die genossenschaftliche Pflichtprüfung soll dem Ziel dienen, ein Urteil darüber zu erlangen, ob der Vorstand seinen Grundauftrag zur bestmöglichen Förderung der Mitglieder erfüllt hat. Die Interessenwahrung der einzelnen Mitglieder stößt aber auf Probleme. Die Zielerreichung

lässt sich aufgrund erheblicher Schwierigkeiten bei der Nutzenmessung und der gesetzlichen Eingrenzung des Prüfungsobjektes kaum exakt feststellen.

5. *Prüfungsträger:* Die genossenschaftliche Pflichtprüfung wird durch einen Prüfungsverband durchgeführt. Die Genossenschaft ist Pflichtmitglied des regionalen Genossenschaftsverbandes, dem auch die Prüfung obliegt (§ 54 GenG).

Gesetzliche Treuhandschaft

Liegt bei kraft Hoheitsakt generierten Treuhandverhältnissen vor, wenn der Inhalt des Treuhandverhältnisses wesentlich durch Rechtsvorschriften geprägt ist.

Globalabstimmung

Prüfungsbehandlung, die besonders solche Summen und Salden auf Identität vergleicht, die nach der Logik der doppelten Buchführung identisch sein müssen.

Grundsätze ordnungsmäßiger Prüfung

Grundsätze, die zu beachten sind, um die Aufgaben im wirtschaftlichen Prüfungswesen den gegebenen Zwecken entsprechend auszuführen. Untergrundsätze sind unter anderem die *Grundsätze ordnungsmäßiger Abschlussprüfung*, die maßgeblich vom Institut der Wirtschaftsprüfer in Deutschland e.V. (IDW) erarbeitet wurden.

Institut der Wirtschaftsprüfer in Deutschland e.V. (IDW)

Fachorganisation der Wirtschaftsprüfer und Wirtschaftsprüfungsgesellschaften auf freiwilliger Basis; Sitz in Düsseldorf.

Aufgaben: Das Institut der Wirtschaftsprüfer in Deutschland fördert die Fachgebiete des Wirtschaftsprüfers und tritt für die Interessen des Wirtschaftsprüferberufes ein; es hat vor allem für die fachliche Förderung der Wirtschaftsprüfer und des beruflichen Nachwuchses zu sorgen. Mitglieder können sich in fachlichen Zweifelsfällen von grundsätzlicher Bedeutung beraten lassen. Die Fachausschüsse erstellen Prüfungsstandards/sonstige Standards, die die Auffassung des Berufes zu fachlichen Fragen darstellen und zur Entwicklung beitragen sollen. Das Institut der Wirtschaftsprüfer in Deutschland kann zu Fach- und Berufsfragen, die den gesamten Wirtschaftsprüferberuf betreffen, auch gutachtlich Stellung nehmen.

Organe: Wirtschaftsprüfertag; Verwaltungsrat; Vorstand.

Internationale Zusammenarbeit: Das Institut der Wirtschaftsprüfer in Deutschland ist an der internationalen Zusammenarbeit der Berufsorganisationen der wirtschaftsprüfenden Berufe beteiligt; es ist Mitglied der International Federation of Accountants (IFAC), sowie der Féderation des Experts Comptables Européens (FEE).

Veröffentlichungen: Zeitschrift „Die Wirtschaftsprüfung"; Fachnachrichten für Mitglieder; Herausgeber des Wirtschaftsprüfer-Handbuchs.

Sonstiges: IDW Verlag für Rechnungslegung, Wirtschaftsprüfung, Steuerrecht und Betriebswirtschaft; Wirtschaftprüfer-Akademie (WPA).

International Federation of Accountants (IFAC)

Vereinigung der Verbände von Angehörigen der wirtschaftsprüfenden Berufe, weltweit tätig. Ziel ist die Schaffung eines koordinierten internationalen Berufsstandes mit harmonisierten Grundsätzen. Die International Federation of Accountants erarbeitet international gültige Leitsätze auf fachlichem und berufsethischem Gebiet und zur Aus- und Fortbildung und hält Kontakte mit regionalen Berufsorganisationen. Zu den 157 Mitgliedern gehören das Institut der Wirtschaftsprüfer in Deutschland e.V. (IDW) und die Wirtschaftsprüferkammer (WPK).

Internationalisierung der Wirtschaftsprüfung

I. *Grenzüberschreitende Wirtschaftsprüfungsleistungen und US-amerikanischer Einfluss*

Die Berufsstatistik der Wirtschaftsprüferkammer (WPK) weist für Mitte 2012 mehr als 14.400 Wirtschaftsprüfer (WP) und mehr als 2.700

Wirtschaftsprüfungsgesellschaften (WPG) aus. Die zahlreichen Mandate dieser Mitgliedergruppen der WPK können nicht über die in der Bundesrepublik Deutschland und weltweit erhebliche Konzentration auf dem Markt für Prüfungen von Unternehmen hinwegtäuschen. So wird in Deutschland die Mehrzahl der Abschlüsse (Jahresabschlüsse und konsolidierte Abschlüsse) größerer Unternehmen von nur wenigen WPG testiert. Für die Abschlüsse der im Börsenindex DAX notierten Unternehmen sind Abschlussprüfer aus nur vier WPG sowie deren Tochtergesellschaften zuständig (Stand: Abschlüsse für 2011 bzw. 2010/2011), wobei sich die meisten dieser Mandate auf nur zwei der vier WPG verteilen. Jede der deutschen „Großen Vier" gehört einem von vier global organisierten Verbunden oder Netzwerken an, den *„Big Four"*. Nach dem für die Abschlussprüfung geltenden § 319b HGB liegt ein Netzwerk vor, wenn Personen bei ihrer Berufsausübung zur Verfolgung gemeinsamer wirtschaftlicher Interessen für eine gewisse Dauer zusammenwirken. Die jeweiligen nationalen Mitglieder (Prüfungsunternehmen) der vier globalen Netze sind zwar rechtlich und wirtschaftlich weitestgehend selbstständig; die Prüfungsunternehmen eines jeden Netzwerkes treten länderübergreifend aber so einheitlich auf, dass die Netzwerke wie auch ihre jeweiligen nationalen Mitglieder vereinfachend oft als die vier weltweiten Gesellschaften bezeichnet werden. Sie haben – insgesamt betrachtet – jeweils mehr als 140.000 Mitarbeiter und sind jeweils in mehr als 150 Ländern tätig.

Die Internationalisierung der Wirtschaftsprüfung begann in den 1950er-Jahren, als US-amerikanische WPG die Auslandsexpansion ihrer Mandanten begleiteten, teils weil diese grenzüberschreitende Prüfungs- und Beratungsleistungen erwarteten, teils weil die WPG im Ausland eigene Wachstumschancen sahen. Durch Gründungen von ausländischen Tochtergesellschaften, durch Fusionen und Kooperationen, aber auch durch das Ausscheiden einer weiteren bis dahin international führenden WPG nach Bilanzskandalen, formten sich unter maßgeblichem Einfluss großer amerikanischer WPG (der früheren *„Big Eight"*) die vier Verbunde. Neben den Netzwerken der heutigen „Big Four" sind zahlreiche länderübergreifende Kooperationen vor allem mittelgroßer WPG entstanden. Diese historische Entwicklung deutet an, dass die Internationalisierung der Wirtschaftsprüfung bisher nicht als gleichgewichtige gegenseitige Beeinflussung verschiedener Staaten verstanden werden kann. Angelsächsische Länder, vor allem die USA als die größte Wirtschafts- und Handelsnation und als Staat mit dem bedeutendsten Kapitalmarkt, haben erheblich die Entwicklung von Prüfungsnormen und Prüfungsusancen geprägt. So haben die nationalen amerikanischen Prüfungsstandards des American Institute of Certified Public Accountants (AICPA) die von der International Federation of Accountants (IFAC) herausgegebenen internationalen Normen wesentlich beeinflusst.

II. *Grenzüberschreitende Rechnungslegungs- und Prüfungsnormen*

In vielen Ländern, so in Deutschland, werden die für WP maßgeblichen nationalen Normen durch internationale Institutionen geprägt. Viele Harmonisierungen der Rechnungslegung und Prüfung folgen auch aus wichtigen Rechtsakten der Europäischen Union. Zu prüfen sind zahlreiche Abschlüsse, die nach den Rechnungslegungsvorschriften der International Financial Reporting Standards (IFRS) aufgestellt sind. Nach näherer Bestimmung des § 315a HGB müssen oder können Konzernabschlüsse nach denjenigen IFRS aufgestellt werden, die von der EU-Kommission übernommen („freigegeben") worden sind. Speziell zum Zwecke der Offenlegung im elektronischen Bundesanzeiger ist auch die Aufstellung eines Einzelabschlusses nach IFRS möglich; vgl. § 325 IIa HGB.

Neben den – zunehmend Einfluss gewinnenden – IFRS sind weltweit die amerikanischen Generally Accepted Accounting Principles (US-GAAP) bedeutsame Bilanzierungsnormen. Für viele Rechnungslegende erscheinen inzwischen *global einheitliche* Bilanzierungsstandards für kapitalmarktorientierte/international tätige Unternehmen erstrebenswert.

Neben die Rechnungslegungsnormen sind länderübergreifend akzeptierte Prüfungsnormen getreten, die International Standards on Auditing (ISA) der IFAC. Die IFAC ist ein Zusammenschluss von mehr als 160 mit dem Rechnungs- und Prüfungswesen befasster Berufsorganisationen aus rund 130 Staaten. Anstelle einer Weiterentwicklung seiner früheren einschlägigen Fachgutachten und Stellungnahmen zum Prüfungswesen hat das Institut der Wirtschaftsprüfer in Deutschland e.V. (IDW) bereits seit Ende der 1990er-Jahre die ISA, unter Berücksichtigung deutscher Besonderheiten, in nationale Prüfungsstandards transformiert.

Als einflussreiche europäische Harmonisierungsquelle für die Prüfung ist vor allem die Richtlinie 2006/43/EG des Europäischen Parlaments und des Rates vom 17.5.2006 über Abschlussprüfungen von Jahresabschlüssen und konsolidierten Abschlüssen (geändert durch die Richtlinie 2008/30/EG vom 11.3.2008) zu nennen. Diese bis zum Jahre 2010 in allen EU-Mitgliedsländern jeweils in nationales Recht umgesetzte „Abschlussprüferrichtlinie" strebt unter anderem EU-weite Vereinheitlichungen bei der Zulassung und den zu beachtenden Berufsgrundsätzen von Abschlussprüfern, beim Qualitätssicherungssystem und bei der öffentlichen Aufsicht über Abschlussprüfer an. Besondere Bestimmungen gelten für die Abschlussprüfung von Unternehmen von öffentlichem Interesse. Diese Bestimmungen enthalten erweiterte Unabhängigkeits- und Qualitätssicherungsanforderungen. Zudem hat der Prüfer dieser Unternehmen auf seiner Website einen jährlichen Transparenzbericht zu veröffentlichen. Ein Unternehmen von öffentlichem Interesse muss über einen Prüfungsausschuss verfügen.

Nachdem viele Forderungen der „Abschlussprüferrichtlinie" in der Bundesrepublik zuvor bereits berufsüblich bzw. Bestandteil deutschen Rechts waren oder in den vergangenen Jahren zu nationalem Recht geworden sind, setzte das BilMoG im Jahre 2009 verbliebene Anforderungen der Richtlinie – teilweise durch differenzierte Einzelregelungen – in nationales Recht um. So besitzen nach § 317 V HGB diejenigen ISA, welche von der EU-Kommission übernommen („freigegeben") werden, unmittelbare Geltung. Nach deutschem Recht (§ 317 VI HGB) können die ISA jedoch durch Rechtsverordnung erweitert werden oder es kann eine Nichtanwendung von Teilen dieser Standards verfügt werden. Aufgrund der unmittelbaren Geltung ändert sich zukünftig auch die Bedeutung der IDW-Prüfungsstandards, die fortan primär nur für *nicht* in den ISA geregelte Sachverhalte (dies betrifft etwa den Prüfungsbericht nach § 321 HGB) sowie für Erläuterungen Bedeutung haben.

Im Oktober 2010 veröffentlichte die Europäische Kommission das Grünbuch (Diskussionspapier, das Beratungen entfachen und zu späteren EU-Rechtsakten führen soll) „Weiteres Vorgehen im Bereich der Abschlussprüfung: Lehren aus der Krise". Federführend für den Bereich Wirtschaftsprüfung innerhalb der Europäischen Kommission ist die Generaldirektion Binnenmarkt und Dienstleistungen (GD MARKT), speziell deren Referat Wirtschaftsprüfungswesen. Das Grünbuch beabsichtigt, als Lehre aus der im Jahre 2007 begonnenen Finanzkrise zahlreiche neue Reformen im Wirtschaftsprüfungswesen anzustoßen. Der höchst kontrovers geführten Diskussion zum Grünbuch folgten im November 2011 ein Verordnungsvorschlag sowie ein Richtlinienvorschlag der Europäischen Kommission mit den Titeln „Vorschlag für Verordnung des Europäischen Parlaments und des Rates über spezifische Anforderungen an die Abschlussprüfung bei Unternehmen von öffentlichem Interesse" und „Vorschlag für eine Richtlinie des Europäischen Parlaments und des Rates zur Änderung der Richtlinie 2006/43/EG über Abschlussprüfungen von Jahresabschlüssen und konsolidierten Abschlüssen". Diese modifizierten Reformvorschläge, die im Vergleich zu den zunächst durch das Grünbuch intendierten weniger weitreichend sind, werden ebenfalls kontrovers diskutiert. Zentrale EU-Entwicklungen zu den Reformbestrebungen sind auf den die Abschlussprüfung betreffenden Webseiten der Generaldirektion ersichtlich. Die Einschätzungen der Berufsorganisationen der Prüfer in Europa zu den beabsichtigten EU-Vorschlägen sind z.B. über die Webseiten der FEE (Fédération des Experts-comptables Européens, Brüssel), des Zusammenschlusses der Berufsorganisationen der Prüfer aus mehr als 30 Europäischen Ländern (einschließlich aller EU-Länder), aufrufbar.

III. *Grenzüberschreitende öffentliche Wahrnehmung von Besonderheiten und Problemen der Abschlussprüfung*

Die öffentliche Wahrnehmung zum Wirtschaftsprüfungswesen, so zum tatsächlichen oder vermeintlichen Fehlverhalten in der Berufsausübung des Abschlussprüfers, endet nicht mehr an Ländergrenzen. Da die Medien über spektakuläre Fehlverhaltensfälle bekannter multinationaler Unternehmen berichten, werden auch in Deutschland inzwischen Bilanzierungs- und Prüfungsprobleme, die in anderen Staaten auftreten, so intensiv wahrgenommen, als wären sie im Inland vorgekommen. In anderen Staaten zur Verbesserung der Prüfungsqualität gezogene oder vorgeschlagene Konsequenzen führen unmittelbar zur Diskussion, inwieweit ihre Übernahme in der Bundesrepublik sinnvoll sein könnte.

Wissenschaftliche Tagungen, auf denen Probleme der Wirtschaftsprüfung erörtert werden, sind ebenfalls zunehmend international geprägt (vgl. z. B. European Accounting Association, European Auditing Research Network, American Accounting Association und ihre Auditing Section, International Symposium on Audit Research).

Alle wichtigen Rechnungslegungs- und Prüfungsprobleme sowie Lösungsansätze werden heute grenzübergreifend diskutiert, so die Gestaltung der Rechnungslegung nach internationalen Normen, die Zusammenarbeit zwischen dem Abschlussprüfer und dem Überwachungsorgan des Unternehmens unter Berücksichtigung international unterschiedlicher Unternehmensverfassungen sowie die Fragen, welches der Inhalt einer gesetzlichen Abschlussprüfung sein sollte und wie die Qualität der Wirtschaftsprüfung gesichert werden kann. Traditionell dient die Abschlussprüfung der Prüfung der Ordnungs- und der Rechtmäßigkeit der Rechnungslegung. Darüber hinausgehende Aufgaben können z. B. die Aufdeckung von Unterschlagungen und bestimmter anderer Delikte, die Beurteilung der Ordnungsmäßigkeit der Geschäftsführung, die Identifikation ungewöhnlich risikobehafteter Geschäfte oder Geschäftsbereiche oder die Fortführungsprognose für das Unternehmen sein. Neben diesen Themenbereichen gehören die nachfolgend angeführten Probleme zu den zentralen

Diskussionspunkten. Insgesamt ist in der öffentlichen Diskussion der Trend festzustellen, die Aufsicht über die WP-Arbeit zu intensivieren. Zugunsten staatlicher Vorschriften und Lenkungsmaßnahmen wird dabei der Umfang der Selbstregulierungsmöglichkeit des Berufsstandes der WP tendenziell eingeschränkt.

1. *Haftung des Abschlussprüfers:* Die Haftung bei Pflichtprüfungen, aber auch bei sonstigen Tätigkeiten des WP, ist in den verschiedenen Staaten unterschiedlich geregelt. Manche Länder kennen bei Pflichtprüfungen keine Haftungsbegrenzung und praktizieren eine weitreichende Dritthaftung.

Demgegenüber besagt die zentrale Schadenersatzregelung des § 323 I HGB in Deutschland Folgendes: Bei einer gesetzlichen Abschlussprüfung haftet der Prüfer bei einer Pflichtverletzung zwar der Kapitalgesellschaft oder einem verbundenen Unternehmen, nicht aber Dritten (etwa Aktionären) gegenüber. Die Haftung gilt bei vorsätzlich oder fahrlässig begangenen Pflichtverletzungen; § 323 II HGB begrenzt bei Fahrlässigkeit die Höhe der Ersatzpflicht für eine Prüfung. Neben § 323 HGB zur Verantwortlichkeit des Abschlussprüfers bestehen weitere Anspruchsgrundlagen, z. B. aus Deliktsrecht, die auch eine Haftung gegenüber Dritten begründen können. Die Normen stellen aber zumeist kein großes Haftungsrisiko dar, z. B. weil in praxi eine vorsätzliche Aktionärsschädigung kaum nachweisbar ist. In der Erhöhung der Haftungssumme und einer Ausweitung der Haftung auf Vermögensschäden Dritter sehen manche Stimmen einen Ansatzpunkt zur Verbesserung der Prüfungsqualität in Deutschland. Haftungsvorschriften nehmen auch Einfluss darauf, ob für WP eine Berufshaftpflichtversicherung vorgeschrieben ist und zu welchen Konditionen eine solche abgeschlossen werden kann. Große, nicht oder nur zu hohen Prämien versicherbare Haftungsrisiken können für ein prüfungspflichtiges, in der Krise befindliches Unternehmen zu der Schwierigkeit führen, ein Wirtschaftsprüfungsunternehmen zu finden, das bereit ist, das Mandat zu übernehmen.

2. *Sicherung der Unabhängigkeit des Abschlussprüfers:* Vom WP wird ein unabhängiges, durch persönliche oder wirtschaftliche Bindungen nicht beeinträchtigtes berufliches Urteil erwartet. Die Gewährleistung unabhängiger Urteilsfindung streben nationale und internationale Normgeber an, indem sie – in unterschiedlicher Schwerpunktsetzung – einerseits berufsethische Grundsätze formulieren und andererseits präzise Gebote und Verbote für Tätigkeiten des Abschlussprüfers vorgeben. Durch welche Maßnahmen der Berufsgrundsatz der Unabhängigkeit zu sichern ist, unterliegt einer langjährigen, facettenreich geführten Diskussion.

Diskutiert wird im Schrifttum verschiedener Länder unter anderem die Frage, welche *Nicht*-Prüfungsleistungen der Abschlussprüfer und seine Gesellschaft für Mandanten erbringen dürfen, vor allem, ob und inwieweit die *gleichzeitige* Abschlussprüfung und Beratung möglich sein darf. Zur Beratung zählt auch die Steuerberatung. Unstrittig ist zwar, dass ein Abschlussprüfer im Rahmen eines Mandats die eigene Tätigkeit nicht selbst beurteilen darf; strittig ist jedoch, wie eng dieses Selbstprüfungsverbot im Detail auszulegen ist. Strittig ist darüber hinaus, inwieweit vom Selbstprüfungsverbot nicht berührte sonstige Tätigkeiten des WP – etwa Beratungsleistungen, die auf den Jahresabschluss keine Gestaltungswirkung ausüben – Beschränkungen unterliegen sollen.

Für die handelsrechtliche Pflichtprüfung in Deutschland konkretisiert § 319 HGB detailreich die Auswahl der Abschlussprüfer und die diese betreffenden Ausschlussgründe. Für Unternehmen von öffentlichem Interesse sind die Ausschlussgründe für die Tätigkeit als Abschlussprüfer deutlich erweitert (§ 319a HGB). Z. B. darf bei Unternehmen von öffentlichem Interesse ein WP, der Abschlussprüfer sein will, nach näherer Bestimmung des § 319a I HGB keine Steuerberatungsleistungen signifikanter Art erbringen. Liegt ein Prüfernetzwerk vor, so ist ein WP/eine WPG von der Abschlussprüfung ausgeschlossen, wenn bestimmte Ausschlussgründe für ein Netzwerkmitglied gelten (§ 319b HGB).

Einen wichtigen Dauerdiskussionspunkt stellen auch die in verschiedenen Staaten divergierenden Auffassungen zur Pflichtrotation dar, d.h. zur

Frage, ob ein WP ein bestimmtes Mandat zeitlich unbegrenzt oder zeitlich nur begrenzt betreuen darf, und welchen Bedingungen der Abschlussprüferwechsel unterliegt. Z. B. kann es bei grundsätzlicher Pflicht zum Prüferwechsel erlaubt sein, an die Stelle des bisherigen WP einen anderen Abschlussprüfer der gleichen WPG treten zu lassen (im Fall einer *praxisintern* zulässigen Rotation). Für die handelsrechtliche Pflichtprüfung besteht nach näherer Bestimmung des § 319a I HGB eine Rotationspflicht des WP nur hinsichtlich der Abschlussprüfung eines Unternehmens von öffentlichem Interesse nach sieben Prüfungsfällen, es sei denn, seit der letzten Beteiligung des WP an der Abschlussprüfung seien zwei oder mehr Jahre vergangen (*„Cooling-off*-Periode"). In praxi bedeutet die Norm insbesondere (nur) die Notwendigkeit zur *internen* Rotation des Unterzeichners des Bestätigungsvermerks/des von der WPG für die Durchführung einer Abschlussprüfung als vorrangig verantwortlich bestimmten WP.

3. *Honorierung von Abschlussprüferleistungen*: Der Diskussionspunkt der Honorierung betrifft die Frage, nach welchen Grundsätzen WP für ihre Leistungen vom Mandanten zu entgelten und welche weiteren Regelungen zu beachten sind, ob etwa Abschlussprüfer-Honorare einer Veröffentlichungspflicht unterliegen. Die Entgeltregelung darf die Unabhängigkeit des WP nicht gefährden; sie muss den Abschlussprüfer auch in die Lage versetzen, die notwendige Prüfungsqualität zu erbringen. Deshalb ist z. B. diesen Zielen widersprechendes Honorardumping bei Erstprüfungen, aber auch bei Folgeprüfungen zu verhindern. Die Honorarerörterung ist in Verbindung mit der Diskussion zu sehen, welche weiteren Tätigkeiten für den Mandanten potenziell erbracht werden können: Eine – im Vergleich zum dem WP entstehenden Aufwand – unzureichende Honorierung begünstigt die Annahme weiterer Tätigkeiten zur Honorarkompensation und damit die Gefahr, die prüferische Urteilsfreiheit und die zu erbringende Prüfungsqualität zu beeinträchtigen.

Grundlegende Alternativen sind freies Aushandeln von Honorarvereinbarungen zwischen den Vertragspartnern oder staatliche Gebührenordnungen. Eine Gebührenordnung für Pflichtprüfungen bestand zeitweise auch in Deutschland. Die Wirtschaftsprüferordnung (WPO) sieht inzwischen keine Ermächtigung für das Bundeswirtschaftsministerium zum Erlass einer Gebührenordnung mehr vor. Jedoch sind die Vergütungsvereinbarungen des WP der Beachtung von Gesetzesvorschriften unterstellt; nach den §§ 55, 55a WPO darf die Vergütung z. B. nicht vom Ergebnis der Tätigkeit des WP abhängig gemacht werden, abgesehen von besonderen Ausnahmen, die die Beratungstätigkeit und die Interessenwahrung betreffen, in engen Grenzen auch die Hilfeleistung in Steuersachen.

In der Diskussion zur Reform der Abschlussprüfung im Jahre 2012 befürwortete die Wirtschaftsprüferkammer zunächst den Erlass einer Gebührenordnung für gesetzliche Abschlussprüfungen, dann nur die Einführung von „qualitätssichernden Entgeltregelungen" im Sinne der Vorgabe von für das Mandat zu leistenden Mindeststundenzahlen bei gesetzlichen Abschlussprüfungen in Abhängigkeit von Eigenarten der jeweils prüfungspflichtigen Unternehmen.

4. Die Abschlussprüfung ergänzende Maßnahmen zur Sicherung der Rechnungslegungsnormen sowie der Prüfungsqualität: Maßnahmen zur Sicherung der Qualität der Rechnungslegung und Abschlussprüfung sind zahlreich denkbar. Nachfolgend werden zwei in Deutschland übernommene Vorgehensweisen der Qualitätssicherung erörtert. In vielen Staaten sind Prüfstellen für Rechnungslegung zur Stärkung des Vertrauens in veröffentlichte Jahres- und Konzernabschlüsse eingerichtet. Die Prüfstellen sind in manchen Ländern staatliche Behörden, in anderen Ländern privatwirtschaftliche Organisationen. Der Ansatzpunkt ihrer Tätigkeit ist folgender: Angenommen, ein Bilanzierender verstößt gegen zentrale Rechnungslegungsvorschriften. Sodann versagen der Gewährleistung der Rechnungslegungsqualität dienende Sicherungsinstanzen, wie der Aufsichtsrat und der WP. Aktionäre oder andere Dritte erkennen die Rechnungslegungsverstöße; ihnen steht jedoch – so sei schließlich angenommen – kein Rechtsanspruch auf Beseitigung der Rechnungslegungsmängel zu, oder ein Gerichtsverfahren würde zu keiner zügigen Entscheidung führen. Für eine derartige Situation ist eine von den Rechnungslegern und den

Sicherungsinstanzen unabhängige Prüfstelle nützlich, deren Aufgabe die zügige Geltendmachung oder Durchsetzung (Enforcement) der bestehenden Vorschriften ist. Die Prüfstelle nimmt sich Eingaben in ihren Rechten Betroffener oder Eingaben aus der Öffentlichkeit an. Sie kann auch selbstständig tätig werden mit dem Ziel der Überprüfung vermuteter Rechnungslegungsverstöße und deren Abhilfe, gegebenenfalls auch mit dem Ziel einer generellen Stichprobenüberprüfung von Unternehmen im Hinblick auf die Einhaltung von Rechnungslegungsnormen. Die Einrichtung eines „Enforcement-Verfahrens" für die Rechnungslegung bedeutet in der Regel zugleich die fallweise Qualitätskontrolle der Arbeit des Abschlussprüfers und mögliche berufliche Konsequenzen für diesen, z. B. bei einer nachfolgenden Ahndung festgestellter Pflichtverstöße durch die Berufsaufsicht.

In der Bundesrepublik Deutschland gilt das „Enforcement-Verfahren" für bestimmte Abschlüsse und zugehörige Lageberichte von Unternehmen, deren Wertpapiere im Sinne des § 2 I S. 1 Wertpapierhandelsgesetz (WpHG) an einer inländischen Börse zum Handel im regulierten Markt zugelassen sind. Das Verfahren ist zweistufig eingerichtet. Prüfungsträger sind die Deutsche Prüfstelle für Rechnungslegung DPR e.V. und die Bundesanstalt für Finanzdienstleistungsaufsicht (BaFin). Die DPR ist privatrechlich organisiert; mit ihr müssen Unternehmen nicht kooperieren. Vgl. §§ 342b bis 342e HGB zur DPR. Die BaFin ist dagegen mit hoheitlichen Mitteln ausgestattet. Vgl. §§ 37n bis 37u WpHG zur Prüfung der Bundesanstalt.

Während die Überwachung der Rechnungslegung nur eine indirekte Überwachung des Abschlussprüfers bedeuten kann, dienen externe, von Dritten vorgenommene regelmäßige Qualitätskontrollen der generellen Qualitätsbeurteilung und Qualitätssteigerung der prüferischen Arbeit. Das *Peer Review*, das in Deutschland ebenfalls nach Vorbildern in anderen Ländern eingerichtet wurde, stellt eine Qualitätskontrolle des prüferischen Vorgehens durch andere Berufsangehörige, die Peers (englisch für *Gleiche, Ebenbürtige*), dar. Peer Reviews dienen im Kern der Selbstregulierung des Berufsstandes; sie können dabei einer gewissen staatlichen Aufsicht und Reglementierung unterliegen (für die Bundesrepublik vgl. die für die

Durchführung gesetzlich vorgeschriebener Abschlussprüfungen geltenden Vorschriften der §§ 57a bis 57h WPO). Die Kontrolle der Prüfungstätigkeit ist in den verschiedenen Staaten nicht einheitlich geregelt. In der Bundesrepublik Deutschland gilt die nach einem erfolgreichen Peer Review ausgestellte Qualitätskontrollbescheinigung der WPK z. B. für sechs Jahre (im Falle von gesetzlichen Abschlussprüfungen für Unternehmen von öffentlichem Interesse drei Jahre); der zu kontrollierende Prüfer wählt innerhalb der von der WPO bestimmten Grenzen seinen Peer aus dem Kreis hierzu registrierter Prüfer selbst aus. Dagegen ist das Public Company Accounting Oversight Board (PCAOB) als Aufsichtsgremium in den USA für seine teils jährlichen, teils maximal dreijährlich stattfindenden Inspektionen Herr des Verfahrens einer berufsfremden Beaufsichtigung.

Interne Revision

1. *Begriff:*

a) *Funktional* entspricht die interne Revision einer Prüfung durch unternehmensangehörige (mit der Unternehmung durch arbeitsvertragliche Beziehungen verbundene), prozessunabhängige (Prozessabhängigkeit) Personen.

b) Im klassischen *institutionellen* Sinn ist interne Revision eine mit der Durchführung von Prüfungsaufgaben befasste Stelle oder Stellengesamtheit (z. B. Abteilung) in der Unternehmung; oft mit der Bezeichnung *Innenrevision*. Bei Konzernen spricht man von Konzernrevision.

2. *Abgrenzung:* Der Aufgabenbereich der internen Revision besteht in Überwachung durch Prüfungen, nicht in Kontrollen.

Interne Revision ist nicht mit Controlling gleichzusetzen, dessen Tätigkeitsfeld sehr viel weiter zu fassen ist. Die Grenzen zwischen interner Revision und Controlling sind fließend. Während die interne Revision schwerpunktmäßig vergangenheitsorientierte Prüfungen durchführt, widmet sich das Controlling auch und vor allem der zukunftsorientierten Überwachung.

3. *Aufgaben:* Als organisatorische Einheit hat die interne Revision die Aufgabe, die Unternehmungsleitung in der Wahrnehmung ihrer

Überwachungsfunktion zu unterstützen. Die Prüfungen dienen nicht nur der Einhaltung von Planvorgaben, sondern vor allem der *Information* von Entscheidungsträgern. Interne Prüfungen können beliebige Bereiche der Unternehmung betreffen, mit Ausnahme der Unternehmensführung, die die Prüfungsaufträge erteilt (Weisungsbindung erzeugt Abhängigkeit).

a) *Hauptaufgaben:*

(1) *Prüfung im Finanz- und Rechnungswesen* (Financial Auditing): Im Wesentlichen Ordnungsmäßigkeitsprüfungen, einschließlich der Prüfung auf dolose Handlungen. Der traditionelle Prüfungsbereich der internen Revision; auch heute von großem Gewicht, da sich betriebliche Vorgänge im Rechnungswesen niederschlagen und dieses, einschließlich der Kostenrechnung, einen wesentlichen Teilbereich des Informationssystems der Unternehmung darstellt.

(2) *Prüfung im organisatorischen Bereich* (Operational Auditing): Nicht nur Prüfung der Einhaltung von unternehmensinternen Regeln, sondern auch deren Wirkungsweise auf ihre Zielentsprechung hin; die Bedeutung dieser Prüfungen nimmt ständig zu. Im Wesentlichen Zweckmäßigkeitsprüfungen; zu prüfen ist die Zweckmäßigkeit der Aufbauorganisation (Organisationsstruktur) und der Ablauforganisation (Aufgabenabwicklung) im Hinblick auf die Aufgabenerfüllung, einschließlich der Verbindungen und Beziehungen verschiedener Bereiche.

b) *Nebenaufgaben:* Verschiedene Dienstleistungsaufgaben, die oft nur in sehr losem Zusammenhang mit der eigentlichen prüferischen Tätigkeit stehen oder mit ihr nichts zu tun haben, z. B. Inventurmitwirkung.

4. *Verbindung zur Beratungs- und Begutachtungsfunktion:* Beratung und Begutachtung sind andere Funktionen als die Prüfung; in der Praxis werden sie jedoch häufig von der internen Revision wahrgenommen. Dadurch Nutzung der hohen fachlichen Qualifikation der Mitarbeiter der internen Revision; problematisch ist aber der Verlust an Unabhängigkeit.

5. *Organisatorische Einbindung:* Abhängig von den Aufgaben der betreffenden Unternehmung. Der Unterstützungsfunktion der internen Revision

entspricht die Einrichtung einer Stabsstelle bzw. -abteilung auf Unternehmungsleitungsebene, die einer Instanz nebengeordnet ist. Bei Zuordnung zu Zwischeninstanzen kann die notwendige Unabhängigkeit verloren gehen. Die interne Revision in Form einer Stabsabteilung kann ihrerseits unterschiedlich nach Verrichtungs- und Objektkriterien organisiert sein; die konkrete Ausgestaltung muss sich wiederum an Zweckmäßigkeitsaspekten der einzelnen Unternehmung orientieren. Die interne Revision muss zur Erfüllung ihrer Aufgaben weit reichende Informationsrechte erhalten.

6. *Beziehung zur gesetzlich vorgeschriebenen Jahresabschlussprüfung:* Dem Prüfer eines gesetzlichen Jahresabschlusses ist es nicht gestattet, Prüfungsergebnisse und -urteile der internen Revision unreflektiert zu übernehmen oder mit ihr, z. B. im Wege der Arbeitsteilung, zusammenzuarbeiten; er würde gegen die ihm berufsrechtlich auferlegte Pflicht zur Eigenverantwortlichkeit verstoßen. Der Abschlussprüfer kann die Erkenntnisse der internen Revision jedoch im Rahmen der zur Planung seiner Prüfung erforderlichen Informationsgewinnung, vor allem zur Erkundung von Schwachstellen, berücksichtigen sowie einzelne Feststellungen aus Systemprüfungen und aussagenbezogenen Prüfungshandlungen unter bestimmten Voraussetzungen als Feststellungen Dritter übernehmen.

Internes Kontrollsystem (IKS)

Die internen Kontrollen können den Arbeitsabläufen vor-, gleich- oder nachgeschaltet sein.

1. *Aufgaben:*

(1) Sicherung und Schutz des vorhandenen Vermögens vor Verlusten;

(2) Erstellung genauer, aussagefähiger und zeitnaher Aufzeichnungen;

(3) Verbesserung des betrieblichen Wirkungsgrades durch Auswertung von Aufzeichnungen;

(4) Unterstützung der innerbetrieblichen Durchsetzung der Geschäftspolitik (Unternehmenspolitik).

2. *Prinzipien:*

a) *Funktionstrennung:* Im Arbeitsablauf sollen vollziehende sowie buchhalterische, gegebenenfalls auch sonstige verwaltende Funktionen nicht in einer organisatorischen Einheit vereint sein.

b) Angemessene *organisatorische Regelungen:* Soweit möglich und sinnvoll, sind Arbeitsabläufe zu programmieren; die Aufbauorganisation ist deutlich abzugrenzen.

c) *Automatik der Kontrolle:* Zur Ausschaltung von Unwägbarkeiten sollte das System der betrieblichen Abläufe sich selbsttätig und zwangsläufig kontrollieren.

3. *Instrumente:* Organisationsplan, Dienst- und Arbeitsanweisungen, Kontenplan einschließlich der Kontierungsrichtlinien, sämtliche der Dokumentation durchgeführter Kontrollen dienende Aufzeichnungen und Unterlagen, mechanische Kontrollein- und -vorrichtungen (z. B. Stechuhren, kodierte Geldschränke, Mess- und Rechengeräte, EDV-Anlagen zur programmierten oder maschineninstallierten Kontrolle).

4. *Internes Kontrollsystem (IKS) bei Anwendung computergestützter Buchführungssysteme:* In diesem Fall ist besonders wichtig die Kontrolle der Anlagenbedienung (Kontrollen des Datenzugriffs, von Programmänderungen und Ähnliches), der Dateneingabe (Kontrolle der Vollständigkeit, Richtigkeit, Korrekturverfahren bei Fehlern etc.), der Datenverarbeitung (Kontrolle der Vollständigkeit des Verarbeitungssystemablaufs und bei Systemausfällen, maschinell erzeugter Buchungen und Ähnliches) und der Datenausgabe (Kontrolle der Richtigkeit, Vollständigkeit, des Zugriffs und der Sicherungsmaßnahmen). Nach Möglichkeit sind solche organisatorischen Regelungen und Verfahren einzusetzen, die maschinelle, fehlerverhindernde, zwangsläufige Kontrollen zur Folge haben.

5. *Bezug zur externen Jahresabschlussprüfung:* Im Rahmen der Abschlussprüfung durch unternehmungsexterne Prüfer wird die Überprüfung der Funktionsfähigkeit des interne Kontrollsystems (IKS) als Form der indirekten Prüfung durchgeführt; dabei erfolgt im Wesentlichen eine

Konzentration auf das System der Buchführung. Die Prüfung des internen Kontrollsystems (IKS) liefert wichtige Hinweise, ob die Unternehmung ihre Geschäftsvorfälle in chronologischer Reihenfolge vollständig, systematisch und rechnerisch richtig erfasst. Ausgehend von den Ergebnissen der internen Kontrollsystem-Prüfung und dem durch die Prüfung gewonnenen Vertrauen in die Fähigkeit des internen Kontrollsystems (IKS), zur Verhütung, Entdeckung und Beseitigung wesentlicher Fehler beizutragen, kann der Prüfer die weiteren Prüfungshandlungen im Rahmen der Prüfungsplanung nach Art und Umfang festlegen. Bei als gut konzipiert und gut funktionierend beurteiltem internen Kontrollsystem (IKS) sind gegebenenfalls nur noch - teilweise deutlich - reduzierte weitere Prüfungstätigkeiten erforderlich.

Internes Überwachungssystem

Soll möglichst die Unternehmungszielerreichung gegen zielstörende Gestaltungsmängel und Abweichungen vom Optimum sichern. Dieses Ziel erreicht man unter anderem durch ein internes Kontrollsystem (IKS) und die interne Revision. Die Funktionsfähigkeit des nach § 91 II AktG zur Aufdeckung bestandsgefährdender Risiken einzurichtenden internen Überwachungssystems ist im Rahmen der Jahresabschlussprüfung einer börsenorientierten Aktiengesellschaft zu überprüfen.

Inventurprüfung

Teil der jährlichen Jahresabschlussprüfung.

1. Die Inventurprüfung *umfasst* besonders die Prüfung der Bestände an Roh-, Hilfs- und Betriebsstoffen, Halb- und Fertigerzeugnissen sowie fertig bezogenen Waren, also des gesamten Vorratsvermögens, einschließlich der Überprüfung aller Posten, die im Inventar aufgeführt sind.

2. *Durchführung:* Im Rahmen der jährlichen Abschlussprüfung durch freiberufliche Prüfer, bei Großbetrieben unter Umständen vorbereitet durch die innerbetriebliche Revision (interne Revision). Anwesenheits- und Auskunftsrechte des Abschlussprüfers gemäß § 320 II HGB.

3. *Umfang:*

a) Feststellung der Übereinstimmung des Vorratsvermögens mit den Ergebnissen der in Urschrift aufzubewahrenden Inventur sowie der mengenmäßig und wertmäßig richtig errechneten Vorräte in Betrieben, Filialen und bei Dritten (z. B. bei Spediteuren oder Veredlern in der Textilindustrie). Anstelle der körperlichen Bestandsaufnahme aller betrieblichen Bestände an einem Stichtag (Stichtagsinventur) kann bei ordnungsmäßiger Lagerbuchführung eine laufende Überprüfung und Berichtigung der Buchbestände (laufende Inventur) treten.

b) Prüfung der von der Unternehmung errechneten Herstellungs- und Anschaffungskosten anhand der Unterlagen (Eingangsrechnungen, Kostenrechnungen und Betriebsabrechnung) im Interesse einer gesetzentsprechenden Bilanz, Gewinn- und Verlustrechnung (GuV).

Jahresabschlussprüfung

I. *Inhalt*

Die Jahresabschlussprüfung ist eine Prüfung des am Ende des Geschäftsjahres aufzustellenden Jahresabschlusses durch einen Abschlussprüfer. Bei freiwilliger Jahresabschlussprüfung hängt deren Gestaltung im Wesentlichen vom Prüfungsauftrag ab. Bei Pflichtprüfungen sind die jeweiligen gesetzlichen Bestimmungen maßgebend. Die wichtigste Prüfungspflicht ergibt sich aus §§ 316 ff. HGB, wonach der Jahresabschluss und gegebenenfalls der Lagebericht unter Einbeziehung der Buchführung bei bestimmten Unternehmungen zu prüfen sind. Aufgrund anderer Bestimmungen können sich weitere Prüfungsnotwendigkeiten ergeben. In erster Linie ist die Jahresabschlussprüfung eine umfassende Prüfung der Ordnungsmäßigkeit der Rechnungslegung.

II. *Gesetzliche Grundlagen*

Gesetzliche Vorschriften zur Jahresabschlussprüfung orientieren sich im Wesentlichen an der Rechtsform, der Größe und der Branchenzugehörigkeit der Unternehmungen.

1. *Rechtsform- und größenabhängige Prüfungspflichten bei Einzelabschlüssen:* Die Pflicht zur Jahresabschlussprüfung ist getrennt nach Kapitalgesellschaften und Nicht-Kapitalgesellschaften größenabhängig geregelt. Sie ergibt sich aus dem Handelsgesetzbuch bzw. aus dem Gesetz über die Rechnungslegung von bestimmten Unternehmen und Konzernen (§ 6 PublG). Danach ist Prüfungspflicht gegeben, wenn zwei von drei Kriterien für einen bestimmten Zeitraum erfüllt sind:

(1) Für *Nicht-Kapitalgesellschaften* im Sinn von § 3 I PublG sind diese Kriterien gemäß § 1 I PublG: Bilanzsumme größer als 65 Mio. Euro, Umsatz in den zwölf Monaten vor dem Abschlussstichtag größer als 130 Mio. Euro, durchschnittliche Zahl der Arbeitnehmer in den zwölf Monaten vor dem Abschlussstichtag größer als 5000.

(2) Für *Kapitalgesellschaften und haftungsbegrenzte Personengesellschaften* gilt gemäß § 267 I HGB: Bilanzsumme größer als 4,015 Mio. Euro nach Abzug eines auf der Aktivseite ausgewiesenen Fehlbetrags (§ 268 III HGB), Umsatz in den letzten 12 Monaten vor dem Abschlussstichtag größer als 8,030 Mio. Euro, jahresdurchschnittliche Zahl der Arbeitnehmer größer als 50. Aktiengesellschaften sind bei Börsennotierung unabhängig von ihrer Größe prüfungspflichtig (§ 267 III 2 HGB).

2. *Besondere Prüfungspflichten bei Einzelabschlüssen:* Zusätzlich zu den auf Größe und Rechtsform abstellenden Prüfungsbestimmungen für den Jahresabschluss nach HGB und PublG gibt es weitere besondere Prüfungsregelungen, vor allem für Genossenschaften (§§ 53–60 GenG; genossenschaftliche Pflichtprüfung), Versicherungsunternehmungen (§ 341k HGB, §§ 57–60, 64 VAG; Versicherungsgesellschaft) und Kredit- bzw. Finanzdienstleistungsinstitute (§ 340k HGB, §§ 28, 29 KWG; Bankbilanz). Versicherungsunternehmen und Kreditinstitute sind unabhängig von ihrer Größe prüfungspflichtig.

3. *Prüfungspflichten für Konzerne:* Konzernabschlussprüfung.

4. Die Jahresabschlussprüfungen *öffentlicher Unternehmen* werden teils durch landesrechtliche Vorschriften geregelt (§ 263 HGB).

III. Prüfungsumfang

Bei gesetzlich vorgeschriebener Jahresabschlussprüfung für Einzelabschlüsse nach HGB und PublG sind der Jahresabschluss (Bilanz, Gewinn- und Verlustrechnung, gegebenenfalls Anhang) und die Buchführung nach § 317 I 1, 2 HGB daraufhin zu prüfen, ob die gesetzlichen Bestimmungen und die ergänzenden Bestimmungen des Gesellschaftsvertrages oder der Satzung beachtet wurden. § 317 II HGB verlangt die Prüfung des Lageberichts daraufhin, ob er im Einklang mit dem Jahresabschluss sowie den bei der Prüfung gewonnenen Erkenntnissen des Abschlussprüfers steht, und ob er insgesamt nicht eine falsche Vorstellung von der Lage der Unternehmung erweckt. Zu prüfen ist auch, ob die Risiken und Chancen der künftigen Entwicklung zutreffend dargestellt sind. Nach § 317 IV HGB ist im Rahmen der Jahresabschlussprüfung börsennotierter Gesellschaften zudem die Funktionsfähigkeit des nach § 91 II AktG zur Aufdeckung bestandsgefährdender Risiken einzurichtenden internen Überwachungssystems zu prüfen.

IV. Typische Prüfungsschwerpunkte

1. *Buchführung:* Durchzuführen sind im Wesentlichen Abstimmungsprüfungen, Übertragungsprüfungen, rechnerische Prüfungen und Belegprüfungen. Die systematische Prüfung der Buchführung erfolgt meist in Stichproben. Schwerpunkte sind die Prüfung der Konten des Zahlungsverkehrs, der Konten des Warenverkehrs und der Personenkonten. Ergebnisse werden in den Arbeitspapieren und im Prüfungsbericht festgehalten.

2. *Bilanz:* Erforderlich ist die Prüfung der Existenz und Vollständigkeit der Positionen und der Einhaltung der Bilanzierungs-, Bewertungs- und Gliederungsvorschriften. Detaillierte Erläuterungen zur Prüfung von Anlage- und Umlaufvermögen sowie Passiva gibt das WP-Handbuch.

3. *Gewinn- und Verlustrechnung (GuV):* Zu prüfen ist, ob sämtliche Aufwendungen und Erträge vollständig und periodengerecht unter den richtigen Bezeichnungen ausgewiesen wurden. Die Prüfung dient meist der Ergänzung der Bilanzprüfung. Wegen des engen Bezugs zwischen Bilanzpositionen und Positionen der GuV ist hier eine intensive Prüfung kaum noch

erforderlich. Bedeutungsvoll ist aber die Prüfung von sonstigen Aufwendungen und Erträgen, die mit der Bilanzprüfung nur unzureichend erfassbar sind.

4. *Anhang:* Zu prüfen ist, ob handelsrechtlich vorgeschriebene Erläuterungen zu Bilanz und GuV, z. B. zu den angewandten Bilanzierungs- und Bewertungsmethoden oder den Grundlagen der Währungsumrechnung, gemacht wurden. Zudem muss geprüft werden, ob den weiteren Angabepflichten des HGB und der gegebenenfalls einschlägigen Spezialgesetze, wie z. B. AktG und GmbHG, genügt wurde.

5. *Lagebericht:* Zu prüfen ist, ob der Lagebericht den Geschäftsverlauf und die Lage der Unternehmung einschließlich der Risikosituation so darstellt, dass ein den tatsächlichen Verhältnissen entsprechendes Bild vermittelt wird, und ob er auf Vorgänge von besonderer Bedeutung, die nach Geschäftsjahresschluss eingetreten sind, auf die voraussichtliche Entwicklung der Gesellschaft und auf den Bereich Forschung und Entwicklung sowie gegebenenfalls vorhandene Zweigniederlassungen eingeht.

Detaillierte Erläuterungen zu den Prüfungshandlungen im Rahmen der Jahresabschlussprüfung enthält das WP-Handbuch.

V. *Bericht* über die Jahresabschlussprüfung

Der Prüfungsbericht enthält eine detaillierte schriftliche Darstellung der Art und des Umfangs sowie des Ergebnisses der Prüfung (§ 321 I 1 HGB).

Der Bericht ist vom Prüfer zu unterzeichnen und den gesetzlichen Vertretern vorzulegen; hat der Aufsichtsrat den Auftrag erteilt, muss vor Zuleitung an diesen dem Vorstand Gelegenheit zur Stellungnahme gegeben werden (§ 321 V HGB).

Details zum Prüfungsbericht regelt der Prüfungsstandard IDW PS 450.

VI. *Arbeitspapiere*

1. *Begriff:* Die Arbeitspapiere des Jahresabschlussprüfers bestehen aus den schriftlichen Aufzeichnungen des Prüfers, die im Verlauf seiner Prüfung entstanden sind, und allen beschafften Unterlagen zum Prüfungsobjekt.

2. *Zwecke:* Die Arbeitspapiere dienen nach IDW PS 460 zur Unterstützung bei der Planung, Durchführung und Überwachung der Jahresabschlussprüfung, als Hilfsmittel bei der Beantwortung von Rückfragen und bei der Vorbereitung von Folgeprüfungen, zur Dokumentation der Prüfungshandlungen und -ergebnisse, zur Nachweissicherung in Regressfällen sowie als Grundlage für den Prüfungsbericht und für Qualitätssicherungsmaßnahmen in der Wirtschaftsprüferpraxis (Qualitätssicherung in der Wirtschaftsprüfung). Mit Datum vom 14.4.2007 wurde PS 460 neu gefasst. Weitere Details können dem IDW EPS 460 n. F. entnommen werden.

VII. *Planung der Jahresabschlussprüfung*

1. *Notwendigkeit und Begriff:* Jahresabschlussprüfungen sind häufig so komplex, dass eine Planung unerlässlich ist. Die Prüfungsplanung besteht darin, eine allgemeine Strategie sowie detaillierte Prüfungsschritte der Art, dem zeitlichen Ablauf und dem Umfang nach zu entwickeln, um effizient und zeitgerecht vorgehen zu können. Der gedankliche Entwurf einer bestimmten Ordnung, nach der sich die Durchführung einer bestimmten Prüfung in sachlicher, personeller und zeitlicher Hinsicht vollziehen soll, ist erforderlich.

Eine wichtige Besonderheit besteht im Vergleich zur Planung vieler anderer Arten von Prüfungen darin, dass die Jahresabschlussprüfung aus Termin- und Wirtschaftlichkeitsgründen keine Volluntersuchung des gesamten relevanten Stoffes ist, sondern überwiegend auf der Grundlage von Auswahlen (Stichprobenprüfung) stattfindet. Gleichwohl verlangt § 317 I HGB, die Prüfung so anzulegen, dass Rechnungslegungsunrichtigkeiten und -verstöße, die sich auf die Vermögens-, Finanz- und Ertragslagebeurteilung des Unternehmens wesentlich auswirken können, bei gewissenhafter Berufsausübung erkannt werden. Diese Forderung impliziert, den Prüfungsablauf von den jeweils gewonnenen Feststellungen maßgeblich weiter gestalten zu lassen. Die Planung ist somit kein der Prüfungsausführung zeitlich streng vorangehender Schritt; vielmehr greifen beide Schritte ineinander.

2. *Sachliche Planung:*

a) *Ausgangsplanung:* Die Phase der Ausgangsplanung dient der kritischen Einordnung des zu prüfenden Unternehmens; in dieser Phase werden Informationen über die wirtschaftlichen Rahmenbedingungen des Unternehmens, über dessen Geschäftstätigkeit, dessen internes Kontrollsystem und dessen Rechnungswesen gesammelt und analysiert. Primäres Ziel dieser Phase ist es, wenngleich nur orientierend und vielfach vorläufig, Risikobereiche möglicher Unrichtigkeiten und Verstöße zu erkennen.

b) *Prüfprogrammentwicklung:* Die Prüfungsobjekte sind festzulegen, d.h. es werden Prüffelder und Prüffeldergruppen gebildet und die durchzuführenden Prüfungshandlungen bestimmt.

Die Ausgangsplanung und die Prüfprogrammentwicklung sind Voraussetzungen für die Prüfungsdurchführung.

3. *Personal-, Reihenfolge- und Zeitplanung:* Personell sind Prüfer unter Berücksichtigung ihrer zeitlichen Verfügbarkeit sowie ihrer Fähigkeiten und Kenntnisse auszuwählen und den Prüffeldern und Prüffeldergruppen zuzuordnen. Zeitlich sind dabei Anfangs- und Endtermin der Jahresabschlussprüfung sowie die Reihenfolge der Prüfungshandlungen einschließlich der jeweiligen Zeitvorgaben zu planen.

4. *Planungshilfsmittel:* Zur Erleichterung der Planung benutzen die Prüfungsunternehmen in der Praxis Formblätter. In der wissenschaftlichen Literatur wurden zudem mathematische Verfahren zur Lösung des Personal-, Reihenfolge- und Zeitplanungsproblems entwickelt. Diese Verfahren haben sich in der Praxis aber vor allem deshalb nicht durchgesetzt, weil sie entweder auf sehr restriktiven Annahmen beruhen oder mathematisch nicht leicht verständlich und entsprechend schwer anzuwenden sind. Hinzu kommt, dass selbst methodisch fortgeschrittene, umfangreiche und elegant formulierte Modelle den Prüfungsprozess nur unvollkommen abbilden und meist die sachliche Prüfungsplanung nicht oder zumindest nicht umfangreich ansprechen.

Weitere Details zur Prüfungsplanung enthält der Prüfungsstandard IDW PS 240.

_K–P

Kassenmanko

Fehlbetrag der Kasse, festgestellt durch Kassenprüfung. Kassenmanko kann entstehen

(1) durch Fehler beim Buchen,

(2) durch Versehen in der Annahme und Zahlung von Bargeld,

(3) durch Diebstahl oder Unterschlagung.

Klärt sich das Kassenmanko nicht durch Nachprüfen der Eintragungen auf und kann vom Kassierer auch nicht der Ausgleich gefordert werden, dann ist der Fehlbetrag über das Gewinn- und Verlustkonto auszubuchen.

Kassenprüfung

Prüfung der Übereinstimmung von Kassenkonto und dem tatsächlichen Bestand der Kasse.

1. *Grundsätze:* Die Kassenprüfung soll möglichst überraschend durchgeführt werden und erstreckt sich auf den Vergleich der Bargeld-Istbestände mit den -Sollbeständen. Größere Posten sollten lückenlos, die Übrigen stichprobenweise geprüft werden. Besondere Aufmerksamkeit ist Vertretungszeiten (Urlaub oder Krankheit des verantwortlichen Kassierers und des Buchhalters) zu widmen. Bei grundlegender Kassenprüfung ist auch die Angemessenheit bestimmter Ausgaben zu untersuchen.

2. *Hilfsmittel* der Kassenprüfung sind Belege, Tagesauszüge, Verkehr mit Nebenkassen (z. B. Porto-, Frachtenkasse).

Auch die *Bankbestände* sind unter Vorlage der neuesten Tagesauszüge zu prüfen. Bei Handelsgesellschaften ist an Bilanzstichtagen für Hauptgeschäft und Filialen ein unterschriebenes *Kassenprotokoll* anzufertigen.

Kassensturz

Zählung des tatsächlich vorhandenen Kassenbestandes zu einem bestimmten Zeitpunkt; als Maßnahme der Kassenprüfung (Außenprüfung) verbunden mit anschließendem Vergleich des buchmäßigen

Kassensollbestandes, um Ordnungsmäßigkeit der Kassenführung festzustellen.

Konsultation

In ihrer gemeinsamen Stellungnahme (Anforderungen an die Qualitätssicherung in der WP-Praxis) haben Wirtschaftsprüferkammer und Institut der Wirtschaftsprüfer die Konsultation expressis verbis behandelt. In der sogenannten VO 1/2006 heißt es in Kapitel 4.6.4 (Einholung von fachlichem Rat/Konsultation) unter anderem:

„In der WP-Praxis sind nach §§ 37 Abs.1, 38 Nr. 10 Berufssatzung WP/vBP Regelungen einzuführen, die mit hinreichender Sicherheit gewährleisten, dass bei für das Prüfungsergebnis bedeutsamen Zweifelsfragen eine angemessene Konsultation stattfindet (und) ausreichende Ressourcen für die erforderlichen Konsultationen zur Verfügung stehen...Bei der Konsultation handelt es sich um die Erörterung von schwierigen oder strittigen fachlichen, berufsrechtlichen und sonstigen Zweifelsfragen mit kompetenten Personen innerhalb oder außerhalb der WP-Praxis."

In Anbetracht zunehmender Komplexität (grenzüberschreitender) Geschäftsvorfälle, dynamischer technologischer Entwicklungen und unter Umständen langwieriger gerichtlicher Auseinandersetzungen (z.B. Bußgeldverfahren) kommt der Konsultation eine immer größere Bedeutung zu. Aber auch der von Dritten eingeholte Rat wird vor dem Tribunal der Eigenverantwortlichkeit des Wirtschaftsprüfers zu bestehen haben. Denn letztlich muss er *selbst* entscheiden, auf wen er sich aus gutem Grund verlassen kann und auf wen nicht. Im Zweifel muss er sein Urteil z.B. durch einen *eingeschränkten* Bestätigungsvermerk offen lassen.

Kontrolle

I. Charakterisierung

1. *Begriff:* Durchführung eines Vergleichs zwischen geplanten und realisierten Größen sowie Analyse der Abweichungsursachen; nicht eingeschlossen ist die Beseitigung der festgestellten Mängel. Kontrolle ist eine Form

der Überwachung, durchgeführt von direkt oder indirekt in den Realisationsprozess einbezogenen Personen oder Organisationseinheiten.

Abgrenzung:

a) Zum *Controlling:* Controlling (Planung, Steuerung und Kontrolle) umfasst unter anderem auch die Mängelbeseitigung.

b) Zur *internen Revision:* Vor allem dadurch, dass Kontrolle ein ständiger Vorgang ist, der laufende Prozesse möglichst lückenlos überwacht und meist von (vorgesetzten) Mitarbeitern der gleichen Organisationseinheit durchgeführt wird.

c) Zur *Prüfung:* Der Überwachungsträger ist in den kontrollierten Prozess einbezogen (Prozessabhängigkeit).

2. *Entscheidungsprozess-Phase:*

a) *Im engeren Sinne:* Letzte Phase des Entscheidungsprozesses, d.h. der Prozess der Sicherstellung, dass die Durchführung mit dem Geplanten übereinstimmt.

b) *Im weiteren Sinne:* Alle Phasen des Entscheidungsprozesses, d.h. ein überlagernder Prozess der Willensbildung und -durchsetzung.

3. *Grundsätzliche Zwecke:*

(1) Kontrollinformationen können Daten für nachfolgende Planungen liefern (sachlogische Dimension);

(2) Kontrollinformationen können für die Mitarbeiterbeurteilung herangezogen werden (motivationale Dimension). Aus den teilweise verschiedenen und konfliktären Kontrollanforderungen dieser Dimensionen ergeben sich die besonderen Gestaltungsprobleme der Kontrolle.

4. Kontrolle ist häufig in ein ausdifferenziertes *Planungs- und Kontrollsystem* eingebunden. Auf diese Weise wird versucht, die Kontrolle so vollständig wie möglich durchzuführen und frühzeitig in die laufenden Prozesse einzugreifen.

II. *Arten*

1. *Plan-Kontrolle:* Dient der Willenssicherung. Eine Kritik am Plan ist unzulässig und würde zu einer Schwächung der Plan-Unterstützung durch die Beteiligten führen.

2. *Prämissen-Kontrolle:* Überwachung und gegebenenfalls Revision der Planannahmen. Daraus entsteht das Dilemma der Kontrolle, dass man einerseits zum Zweck der Durchsetzung am Plan festhalten und andererseits eine Planveränderung aufgrund von Lernprozessen möglich sein muss.

3. *Strategische Kontrolle:* Überwachung der Realisierung von strategischen Programmen; stellt aufgrund der nur teilweise möglichen Quantifizierung von strategischen Plänen die Unternehmensführung vor besondere Probleme.

4. *Operative Kontrolle:* Überwachung der operativen Programme und der entsprechenden Bereiche.

5. *Indirekte Kontrolle* der strategischen Pläne und Prämissen erfolgt im Rahmen der aus den Strategien abgeleiteten operativen Pläne und Prämissen. So können die im Rahmen des üblichen operativen Kontrollprozesses gewonnenen Informationen gleichzeitig für eine Überprüfung der Strategien und ihrer Planannahmen herangezogen werden.

Beispiel: Bei der Durchsprache von Preis- oder Mengenabweichungen im Rahmen einer flexiblen Plankostenrechnung ergeben sich Hinweise, dass die Ursachen nicht bei dem Kostenstellenleiter, sondern in den unzutreffenden Planerwartungen des strategischen Programms liegen. Es können sich Konsequenzen für die weitere Aufrechterhaltung der strategischen Planannahmen ergeben.

6. *Direkte Kontrolle* bezieht sich dagegen explizit auf die Überwachung strategischer oder operativer Planaussagen. Dort gibt es eine autonome Kontrolle, die (laufend) kalendergesteuert oder (ad hoc) ereignisgesteuert ist.

7. *Verfahrens-Kontrolle* überprüft, ob nach den vorgeschriebenen Richtlinien gehandelt worden ist.

8. *Ergebnis-Kontrolle* bezeichnet dagegen den Vergleich der Plandaten mit den realisierten Daten.

9. *Ex-Ante-Kontrolle:* Versucht wird, Soll-Wird-Abweichungen zu antizipieren.

10. *Ex-Post-Kontrolle:* Abgestellt wird auf Soll-Ist-Abweichungen.

III. *Einsatzgebiete*

1. *Buchhaltung:*

a) *Zweck:* Sicherung der Ordnungsmäßigkeit des Rechnungswesens, Schutz vor Vermögensverlusten durch unbefugte Zugriffe (z. B. in Kassen-, Wertpapier- oder Materialbestände), Falschbuchungen, Missbrauch und Fälschung von Belegen. Die Summe aller organisatorischen Kontrollmaßnahmen wird als internes Kontrollsystem (IKS) bezeichnet.

b) Schutz gegen *formelle Buchhaltungsfehler* durch Prüfung der Richtigkeit und Vollständigkeit der Buchungen (Kontierungsfehler, Doppelbuchungen, fehlende Buchungen), der Rechenoperationen (Additionen, Salden) und der Datentransportvorgänge (Übertragungsfehler, Konten-, Spalten- und Zahlenverwechslungen) durch Kontenkontrolle und Systemprüfungen; manuelle oder maschinelle Testläufe (z. B. bei EDV-Programmen und Ähnlichem), soweit nicht maschinelle oder sonstige zwangsläufige Kontrolle das Auftreten von Fehlern bereits verhindern.

c) Kontrolle der *materiellen Übereinstimmung* buchmäßig ausgewiesener Bestände mit den tatsächlich vorhandenen erfordert die Durchführung von Inventuren (z. B. Kassenprüfung, Kassensturz).

2. *Strategisches Management:* strategische Kontrolle.

Konzernabschlussprüfung

1. *Bedeutung:* Pflichtprüfung des Abschlusses und des Lageberichts eines Konzerns gemäß § 316 II HGB.

2. *Prüfung der Rechnungslegung des Konzerns:* Die Prüfung des Konzernabschlusses hat sich darauf zu erstrecken, ob die gesetzlichen Vorschriften und gegebenenfalls Satzungsbestimmungen der Obergesellschaft über

die Aufstellung des Konzernabschlusses beachtet wurden. Der Konzernlagebericht ist daraufhin zu prüfen, ob er mit dem Konzernabschluss sowie mit den bei der Prüfung gewonnenen Erkenntnissen des Abschlussprüfers in Einklang steht und ob die Angaben im Konzernlagebericht nicht eine falsche Vorstellung von der Lage des Konzerns erwecken.

3. *Einbeziehung der Einzelabschlüsse:* Der Abschlussprüfer des Konzernabschlusses hat im Regelfall auch die im Konzernabschluss zusammengefassten Jahresabschlüsse darauf zu prüfen, ob sie den Grundsätzen ordnungsmäßiger Buchführung entsprechen und ob die für die Übernahme in den Konzernabschluss maßgeblichen Vorschriften beachtet wurden (§ 317 III HGB).

4. *Prüfung des Überwachungssystems:* Im Rahmen der Konzernabschlussprüfung ist bei börsennotierten Muttergesellschaften auch die Einrichtung und Eignung eines (konzernweiten) internen Überwachungssystems gemäß § 91 II AktG zu prüfen.

5. *Prüfungsträger:* Der Prüfer des Konzernabschlusses wird von den Gesellschaftern des Mutterunternehmens gewählt. Falls kein anderer Prüfer bestellt wird, gilt als Konzernabschlussprüfer, wer als Prüfer des in den Konzernabschluss einbezogenen Jahresabschlusses des Mutterunternehmens bestellt worden ist. Als Konzernabschlussprüfer können nur Wirtschaftsprüfer und Wirtschaftsprüfungsgesellschaften fungieren.

Konzernrevision

Interne Revision im Rahmen eines Konzerns, die Überwachungsaufgaben der Konzernleitung wahrnimmt. Aufgaben und Probleme sind analog der internen Revision in Unternehmungen.

Management Audit

Prüfung und Beurteilung unternehmerischer Abläufe und Entscheidungen. Ziel ist die Erkennung von Schwachstellen mit Verbesserungsmöglichkeiten sowie die Gewährleistung einer reibungslosen Koordination der Funktionen und Tätigkeiten.

Management Letter

Abschließender Bericht über entdeckte Schwachstellen, Verbesserungsmöglichkeiten etc. für die Geschäftsleitung, den der Wirtschaftsprüfer als Ergebnis seiner Arbeit neben der Prüfung (mit Prüfungsbericht und Bestätigungsvermerk) verfasst (als Zusatznutzen für das geprüfte Unternehmen).

Öffentlich-rechtliche Treuhandschaft

Kann sowohl durch öffentlich-rechtlichen Vertrag als auch durch staatlichen Hoheitsakt begründet werden.

Operational Auditing

Aufgabengebiet der internen Revision, auf den organisatorischen Bereich (Aufbau- und Ablauforganisation) bezogen.

Ordnungsmäßigkeitsprüfung

Prüfung, ob vorgegebene Ordnungsgrundsätze (z. B. Grundsätze ordnungsmäßiger Buchführung und Bilanzierung, gesetzliche oder innerbetriebliche Vorschriften) eingehalten wurden. Die Jahresabschlussprüfung ist unter anderem eine Ordnungsmäßigkeitsprüfung.

Peer Review

Verfahren zur Überwachung der Wirtschaftsprüfer in Gestalt einer Prüfung der Prüfer durch andere (unabhängige) Wirtschaftsprüfer mit dem Ziel der Qualitätssicherung in der Wirtschaftsprüfung. Im Gegensatz dazu wird beim Monitoring eine Überprüfung durch Berufsorganisationen oder Behörden durchgeführt. Der Peer Review wird in Deutschland im Rahmen der externen Qualitätskontrolle der Wirtschaftsprüfer angewendet.

Bis zur Verabschiedung des Sarbanes-Oxley-Acts of 2002 (SOA) nutzten auch die Wirtschaftsprüfer in den USA (Certified Public Accountants) den Peer Review als Qualitätskontrollverfahren; dies war Vorbild für dessen Etablierung in Deutschland. Durch den SOA wurde in den USA nunmehr jedoch ein Monitoring-System eingerichtet.

Pflichtprüfung

Gesetzlich vorgeschriebene, periodisch oder aperiodisch (bei Eintritt eines bestimmten Anlasses) durchzuführende Prüfung. Die bedeutendste Pflichtprüfung ist die Jahresabschlussprüfung.

Progressive Prüfung

Prüfung eines Vorgangs, ausgehend vom wirtschaftlichen Tatbestand bis zur Letzterfassung im Rechnungswesen, über eine Prüfungskette.

Prozess

Es wird bewusst (insbesondere in den Prüfungsstandards des IDW, z. B. in PS 261) zwischen Unternehmensebene (Abschlussebene) und Prozesseben (Aussageebene) unterschieden. Die Risikobetrachtung erfolgt nämlich auf zwei Stufen, und zwar auf der obersten Führungsebene und auf der Abteilungsebene, d.h. auf einer Stufe, die der Geschäftsleitung untergeordnet ist. Diese wird deshalb auch als Prozess-Ebene bezeichnet.

Prinzip: Da die einzelnen Abteilungen einen individuellen Beitrag zur Erreichung der Unternehmensziele leisten sollen, müssen sie ihre eigenen Teil-Ziele (Prozess-Ziele) verfolgen. Diese Ziele können durch spezifische Risiken (Risiken auf Prozess-Ebene) beeinträchtigt oder sogar vereitelt werden. Unternehmerische Kontrollen dienen also konsequenterweise dazu, den Einfluss dieser Risiken, die ihre Wurzeln in den allgemeinen Geschäftsrisiken haben, wenn auch nicht völlig auszuschließen, so doch sinnvoll zu begrenzen.

Wird die Unternehmensebene vernachlässigt, fehlt den Prüfungshandlungen des Abschlussprüfers die erforderliche Präzision, weil er nicht erkennt, dass sein Katalog von Risiken auf Prozess-Ebene unvollständig ist. Was nützt es z. B. dem Abschlussprüfer, wenn er Schwachstellen in der Kreditkontrolle entdeckt, aber ein Währungsrisiko übersieht, weil er es auf dieser Ebene gar nicht vermutet.

Eine besondere Problematik besteht darin, wenn Risiken auf Prozess-Ebene mit Kontroll-Risiken verwechselt werden. So hat z. B. das auf der Unternehmensebene angesiedelte „Kreditrisiko" auf der Prozess-Ebene „Verkauf" die Ausprägung „Risiko von Verlusten an Forderungen aus Lieferungen und Leistungen". Dieses spezifische Kreditrisiko wird von der konjunktur- und branchenabhängigen Zahlungsfähigkeit der Kunden bestimmt. Das Kontroll-Risiko auf Prozess-Ebene besteht darin, dass das Kriterium der Kreditfähigkeit bei Auswahl und Überwachung der Kunden nicht sorgfältig genug beachtet wird.

Prozessabhängigkeit

Abgrenzungskriterium für die Überwachungsformen Prüfung (Revision) und Kontrolle. Prozessabhängigkeit ist gegeben bei psychischer Bindung an das Überwachungsobjekt; hieraus kann Befangenheit resultieren.

Prüfer

Natürliche Person, die eine Prüfung durchführt. Prüfer können Einzelprüfer (z. B. selbstständige Wirtschaftsprüfer, vereidigte Buchprüfer) oder Mitarbeiter eines Prüfungsorgans (z. B. Prüfungsverband, Wirtschaftsprüfungsgesellschaft, Buchprüfungsgesellschaft) sein. Prüfer benötigen besondere Qualifikationen.

Für *gesetzlich vorgeschriebene Pflichtprüfungen* wird der Kreis möglicher Prüfer eingegrenzt; die konkret aufgestellten Qualifikationsanforderungen müssen erfüllt werden. *Andere Prüfungen* können auch sonstige Prüfer durchführen, die der Auftraggeber frei wählen kann.

Prüferbilanz

Prüfungsbilanz, Betriebsprüferbilanz; die nach einer steuerlichen Außenprüfung des Finanzamts abgeänderte Steuerbilanz der geprüften Unternehmung, meist als Anlage dem Prüfungsbericht beigegeben.

Prüffeld

Prüfungskomplex, der aus Teil-Prüfungsobjekten besteht. Prüffelder entstehen durch Aufteilung des Prüfungsstoffes in einzelne Prüfungsgebiete und dienen der Strukturierung einer Prüfung. Abgrenzungskriterien sind

z. B. sachlicher Zusammenhang von bestimmten Bilanzposten, Homogenität der Prüffelder im Hinblick auf mögliche Fehler gleichen Ursprungs, anzuwendende Prüfungstechnik, Schwierigkeitsgrad der Prüfungsgebiete.

Prüffeldergruppe

Gruppenweise Zusammenfassung von Prüffeldern bei der Vorbereitung der Durchführung einer Prüfung.

Prüfung

I. *Begriff*

Ein von einer natürlichen Person (Prüfer) durchzuführender Überwachungsprozess, bei dem Tatbestände, Sachverhalte, Eigenschaften oder Aussagen über diese (Istobjekte) mit geeigneten Bezugsgrößen (Sollobjekten) verglichen und eventuelle Abweichungen beurteilt werden; der Prüfer darf an der Herbeiführung der Istobjekte nicht selbst direkt oder indirekt beteiligt gewesen sein (Prozessunabhängigkeit); darin liegt der Unterschied zu Kontrolle. Prüfung ist stets zweckgerichtet.

II. *Grundelemente*

1. *Istobjekt:* Das Prüfungsobjekt, auf das sich der Vergleich mit dem Sollobjekt bezieht und das jeweils näher konkretisiert werden muss; Gegenstand der Prüfung können einzelne Istobjekte oder ein Komplex von Prüfungsobjekten (Prüffeld, Prüffeldergruppe) sein. Einzelne Istobjekte sind z. B. Nummern eines bestimmten Belegs, Angaben eines Buchungskontos, vorhandene Unterschriften auf einem Beleg; komplexe Prüfungsgebiete sind z. B. Jahresabschlüsse.

2. *Sollobjekt:* Vergleichsmaßstab zur Beurteilung des Istobjekts. Sollobjekte müssen in der Regel ermittelt werden, indem für einen rekonstruierten Tatbestand relevante Normen herangezogen werden. Dies ist unter Umständen problematisch, weil Normen oft nicht konkret genug sind und Normenkonkurrenz bestehen kann.

3. *Soll-Ist-Vergleich:* In einem Vergleichs- oder Fehlerfeststellungsprozess werden eventuelle Differenzen zwischen Ist- und Sollobjekt aufgedeckt.

Die Feststellung des Ausmaßes einer Abweichung kann Messprobleme aufwerfen. Voraussetzung einer Messung ist die Abbildungsfähigkeit von Merkmalsausprägungen des Ist- und Sollobjekts auf derselben Skala.

4. *Urteil:* An den Soll-Ist-Vergleich schließt sich der Urteilsbildungsprozess, eine Abweichungsanalyse, an. Das Urteil hat das Ergebnis der Prüfung zum Inhalt und nimmt zur Fehlerhaftigkeit bzw. Fehlerlosigkeit des Prüfungsobjekts Stellung. Nicht jede im Vergleichsprozess festgestellte Abweichung stellt einen Fehler dar; zu berücksichtigen sind Toleranzen, die aus den jeweiligen Normen resultieren, und Unschärfebereiche, die sich ergeben, wenn die Merkmale von Ist- und Sollobjekten nicht ausreichend erfasst werden können. Die genaue Beurteilung eines festgestellten Fehlers hängt von den Messmöglichkeiten ab. Der Urteilsbildung folgen die Formulierung des Prüfungsergebnisses und der Urteilsmitteilungsprozess (besonders Bestätigungsvermerk und Prüfungsbericht).

III. *Arten*

1. *Unternehmungszugehörigkeit des Prüfungsträgers:*

a) *Externe Prüfung:* Der Prüfer ist ein nicht der Unternehmung angehörender Dritter, z. B. Wirtschaftsprüfer.

b) *Interne Prüfung:* Der Prüfer ist Mitarbeiter der Unternehmung.

2. *Rechtsnatur der Prüfungsgrundlage:*

a) *Gesetzlich vorgeschriebene Prüfung:* Es besteht gesetzlicher Prüfungszwang.

b) *Gesetzlich vorgesehene Prüfung:* Es gibt Prüfungsrechte, von denen kein Gebrauch gemacht werden muss. Zulässiger Höchstumfang der Prüfungsrechte sowie zur Vornahme und Veranlassung der Prüfung. Berechtigte werden gesetzlich bestimmt. Innerhalb der gesetzlich fixierten Grenzen ist die Gestaltung der Prüfung den Prüfungsberechtigten überlassen.

c) *Vertraglich ausbedungene Prüfung:* Grundlage ist eine vertragliche Übereinkunft zwischen Prüfungsberechtigten und zu Prüfenden. In der Regel wird im Vertrag der Höchstumfang der Prüfungsrechte festgelegt; sie müssen nicht zwingend ausgeschöpft werden.

d) *Freie Prüfung:* Prüfungsgrundlage ist allein der Prüfungsauftrag, der von der veranlassenden Stelle der zu prüfenden Unternehmung erteilt wird. Prüfungsobjekt, Prüfer (extern oder intern) und zugrunde zulegende Prüfungsnormen sind durch den Auftraggeber festlegbar.

3. *Häufigkeit:*

(1) *Periodische (laufende) Prüfung;*

(2) *aperiodische* (einmalige, aber auf besonderem Anlass beruhende) Prüfung, oft auch Sonderprüfung genannt.

4. *Ziel der Prüfung:*

(1) *Ordnungsmäßigkeitsprüfung:* Prüfung der Einhaltung gesetzlicher Bestimmungen oder innerbetrieblicher Anweisungen;

(2) *Zweckmäßigkeitsprüfung:* Prüfung der Zweckmäßigkeit betrieblicher Strukturen und Prozesse.

5. *Art der Prüfungsobjekte:* Eine Vielzahl von Prüfungsobjekten ist denkbar. *Beispiele* für eine Differenzierung der Prüfung nach Prüfungsobjekten sind:

(1) *Situationsprüfung:* Prüfung zur wirtschaftlichen Lage, bei der die allgemeine Situation der Unternehmung oder ihrer Teile ermittelt werden soll, z. B. Rentabilitätsprüfung, Liquiditätsprüfung;

(2) *Institutionsprüfung/Organisationsprüfung:* Prüfung der Organisation der Unternehmung oder ihrer organisatorischen Einheiten; auf die Zweckmäßigkeit betrieblicher Strukturen und Prozesse gerichtet;

(3) *Aufdeckungsprüfung* soll Unterschlagungen und Veruntreuungen aufdecken.

6. *Art der Prüfungshandlung:* Eine Vielzahl von Prüfungshandlungen ist denkbar, z. B. *Abstimmungsprüfung, Übertragungsprüfung, rechnerische Prüfung.*

7. *Komplexität des Prüfungsobjekts:*

a) *Einfache Prüfung:* Das abzugebende Prüfungsurteil beruht auf nur einem Soll-Ist-Vergleich; dies ist jedoch nicht der Regelfall.

b) *Komplexe Prüfung:* Die Abgabe eines Urteils beruht auf einer Mehrzahl von einzelnen Soll-Ist-Vergleichen.

Möglichkeiten der Verdichtung zu einem Gesamturteil:

(1) *Zusammenfassung unverbundener Einzelurteile:* Einzelurteile werden ohne Berücksichtigung von Interdependenzen zwischen den einzelnen prüfungsrelevanten Merkmalen isoliert gefällt. Durch geeignete Verfahren (z. B. Durchschnittsbildung, Anwendung von Gewichtungssystemen) werden sie zum Gesamturteil zusammengefasst.

(2) *Bildung von Prüfungsketten:* Ist ein komplexes Urteil über mehrere miteinander in Verbindung stehende Istobjekte erforderlich, wird eine Verkettung von Einzelurteilen in Form von zeitlich nacheinander geschalteten Primärvergleichen vorgenommen, wobei Sollobjekte aus den geprüften Istobjekten des vorhergehenden Primärvergleichs abgeleitet werden.

(a) *Progressive Prüfungskette,* z. B. bei einer Jahresabschlussprüfung: Prüfung ausgehend vom wirtschaftlichen Tatbestand, um letztlich ein Urteil über eine Bilanzposition zu fällen.

(b) *Retrograde Prüfungskette* bei umgekehrter Prüfungsrichtung.

(c) Prüfungsketten können verzweigt oder unverzweigt sein; eine Verzweigung resultiert aus der Verflechtung von Ausgangsdaten und Zwischen- oder Endurteilen.

8. *Prüfungsintensität:*

a) *Lückenlose Prüfung:* Sämtliche zum Prüfungskomplex gehörenden Istobjekte werden geprüft.

b) Stichprobenprüfung.

9. *Angewandte Methoden des Soll-Ist-Vergleichs:*

a) *Direkte Prüfung* liegt vor, wenn die Zuordnung von Messwerten zu einzelnen Maßgrößen unmittelbar und direkt erfolgt.

b) *Indirekte Prüfung:* Prüfung aufgrund indirekter Messung. Es werden Ersatzobjekte herangezogen und hieraus Rückschlüsse für die zu beurteilenden Objekte gezogen; z. B. wird der Niederschlag von Tatbeständen in Dokumenten statt der Tatsachen selbst betrachtet. Voraussetzung ist ein funktionaler Zusammenhang, weil nur in diesem Fall eine Verknüpfung sinnvoll vorgenommen werden kann. *Wahlweise* indirekte Messung liegt vor, wenn der Prüfer auch eine direkte Messung hätte vornehmen können. Bei *zwangsweise* indirekter Messung gibt es keine wirtschaftlich vertretbare Möglichkeit einer Abbildung ohne Zuhilfenahme einer Ersatzgröße. Bei der indirekten Ermittlung des Sollobjekts (z. B. Globalabstimmung, Verprobung) wird nur ein Bestandteil des Soll-Ist-Vergleichs indirekt ermittelt; bei der indirekten Ermittlung der Soll-Ist-Abweichung aus der Prüfung eines Ersatztatbestandes wird auf die Qualität des eigentlichen Prüfungsobjekts rückgeschlossen (z. B. im Bereich der Jahresabschlussprüfung Prüfung mithilfe des internen Kontrollsystems (IKS) oder EDV-Systemprüfung).

Prüfungsbericht

1. *Begriff:* Berichterstattung über Gegenstand, Art und Umfang sowie das Ergebnis einer Prüfung.

2. *Rechtsgrundlagen:* Bei nicht gesetzlich vorgeschriebenen Prüfungen regelt der Prüfungsauftrag den Prüfungsbericht. Nach gesetzlichen Bestimmungen ist ein schriftlicher Prüfungsbericht vorgeschrieben bei Prüfungen von Jahresabschlüssen von Gesellschaften nach dem HGB und PublG. Außerdem bei Konzernabschlüssen, Jahresabschlüssen von Kreditinstituten, von Versicherungsunternehmungen, von Genossenschaften und bei verschiedenen Sonderprüfungen, besonders bei der Gründungsprüfung. Der Abschlussprüfer hat den Prüfungsbericht zu unterzeichnen und den gesetzlichen Vertretern vorzulegen. Bei Auftragserteilung durch den Aufsichtsrat ist der Prüfungsbericht diesem vorzulegen.

3. *Aufgaben:*

(1) Informationsfunktion: Information der Adressaten über Prüfungsgegenstände und Gang der Prüfung sowie Bericht über das Ergebnis der Prüfung;

(2) Unterstützungsfunktion: Fundierung des Prüfungsurteils;

(3) Nachweisfunktion: Urkundlicher Nachweis über die Art und Weise der Erfüllung des Prüfungsauftrags durch den Prüfer.

4. *Berichtsgrundsätze:*

a) *Grundsatz der Wahrheit:* Der Prüfungsbericht muss nach der Auffassung des Prüfers den tatsächlichen Gegebenheiten entsprechen.

b) *Grundsatz der Vollständigkeit:* Alle geforderten Prüfungsfeststellungen müssen enthalten sein und über wesentliche Tatsachen, die sich aus der Prüfung ergeben haben, muss berichtet werden.

c) *Grundsatz der Unparteilichkeit:* Alle Sachverhalte sind unter Berücksichtigung der verfügbaren Informationen sachgerecht zu werten; auf abweichende Auffassungen gesetzlicher Vertreter des Unternehmens ist hinzuweisen.

d) *Grundsatz der Klarheit:* Die Darstellung muss verständlich, eindeutig und problemorientiert sein.

5. *Inhalt und Aufbau:* Der Inhalt und Aufbau des Prüfungsberichts ist nach § 321 HGB normiert. Der IDW PS 450 „Grundsätze ordnungsmäßiger Berichterstattung bei Abschlussprüfungen" empfiehlt unter Berücksichtigung der gesetzlichen Vorgaben folgende Gliederung:

a) *Bericht:*

(1) Prüfungsauftrag;

(2) Grundsätzliche Feststellungen (Lage des Unternehmens, Unregelmäßigkeiten);

(3) Gegenstand, Art und Umfang der Prüfung;

(4) Feststellungen und Erläuterungen zur Rechnungslegung (Buchführung und weitere geprüfte Unterlagen, Jahresabschluss, Lagebericht);
(5) Feststellungen zum Risikofrüherkennungssystem;
(6) Feststellungen aus Erweiterungen des Prüfungsauftrags;
(7) Bestätigungsvermerk.

b) *Anlagen zum Prüfungsbericht:* Obligatorische Anlagen zu Bilanz, GuV, Anhang, Lagebericht und Auftragsbedingungen sowie fakultative Anlagen z. B. rechtliche und/oder steuerliche Verhältnisse, wirtschaftliche Grundlagen.

Prüfungskette

Abfolge von Soll-Ist-Vergleichen zur Gewinnung von Prüfungsurteilen, wobei nachfolgende Soll-Ist-Vergleiche jeweils auf vorhergehenden Soll-Ist-Vergleichen aufbauen (Prüfung).

Prüfungskonzept

1. *Begriff*: Das Prüfungskonzept stellt die (in einem Strategie- und Planungsmemorandum schriftlich erfassten und dem Prüfungsteam rechtzeitig zur Verfügung gestellten) Prüfungsziele dar und artikuliert unter besonderer Berücksichtigung der Lage des Unternehmens die Prüfungstechnik, mit der nach Beurteilung des Abschlussprüfers diese Ziele zu erreichen sind.

2. *Hintergrund*: Jahresabschluss und Lagebericht sind Spiegelbilder von Geschäftsvorfällen, die in den einzelnen Bereichen des Unternehmens stattfinden und von Geschäftsrisiken, denen diese Bereiche ausgesetzt sind. Geschäftsvorfälle müssen ordnungsgemäß abgewickelt, Geschäftsrisiken muss angemessen Rechnung getragen werden. Das setzt Ziele und kontrollierte Abläufe voraus, die auch dazu dienen, die unterschiedlichen Elemente vollständig und korrekt im Jahresabschluss abzubilden. Das Prüfungskonzept beruht also auf der Erwartung, dass durch Geschäftsvorfälle und Geschäftsrisiken geschaffene Daten eine Reihe von Kontrollen durchlaufen haben, bis sie endlich an den einzelnen Stellen des

Jahresabschlusses bzw. Lageberichtes ihren Niederschlag finden. Diesen Weg, der auch ein unrechtmäßiger sein kann, muss der Prüfer erkennen, um Jahresabschluss und Lagebericht – ihre Zusammensetzung und ihr Ergebnis – in der Weise beurteilen zu können, wie sie der Gesetzgeber vorschreibt. Die Pflicht zum Urteil bedeutet aber zugleich die Notwendigkeit, sich über den Inhalt derjenigen Daten eine Meinung zu bilden, die auf ihrem Weg angehalten und vergessen wurden und denen der Zutritt zu Jahresabschluss oder Lagebericht in unzulässiger Weise verwehrt wurde.

Prüfungsstandard

In Deutschland werden Prüfungsstandards vom Institut der Wirtschaftsprüfer in Deutschland e.V. (IDW) entwickelt. Sie stellen die Berufsauffassung der Wirtschaftsprüfer zu bestimmten prüferischen Fragestellungen und Themen dar und gelten als Grundsätze ordnungsmäßiger Abschlussprüfung (Grundsätze ordnungsmäßiger Prüfung). Sie sind daher von Wirtschaftsprüfern bei der Durchführung von Abschlussprüfungen grundsätzlich zu beachten.

Die Prüfungsstandards des IDW werden als IDW Prüfungsstandards (IDW PS) bezeichnet und besitzen jeweils eine dreistellige Nummerierung und einen Titel, z. B. IDW PS 200 „Ziele und allgemeine Grundsätze der Durchführung von Abschlussprüfungen", IDW PS 450 „Grundsätze ordnungsmäßiger Berichterstattung bei Abschlussprüfungen" etc. Bei der Formulierung seiner Prüfungsstandards orientiert sich das IDW weitgehend an den von der International Federation of Accountants (IFAC) herausgegebenen internationalen Prüfungsstandards, den International Standards on Auditing (ISA). Die ISA werden in analoger Weise wie die IDW PS nummeriert und betitelt, z. B. ISA 550 „Prüfung des Einflusses von Geschäften zwischen verbundenen Parteien auf den Abschluss", ISA 240 „Verantwortlichkeit des Abschlussprüfers, betrügerische Handlungen und Fehler bei Abschlussprüfungen in Betracht zu ziehen" etc.

Prüfungsstellen der Sparkassen- und Giroverbände

Prüfungsorgane, die bei Sparkassen besonders die Jahresabschlussprüfung, Sonderprüfungen und die Depotprüfung durchführen können (Prüfungsverband).

Prüfungstechnik

Der Begriff Prüfungstechnik beinhaltet die sachgerechte Anwendung von Instrumenten (Vergleich, Augenscheinnahme, Befragung, Beobachtung, Bestätigung, Einsichtnahme und Nachrechnen), die dazu dienen, die Prüfungsziele (auch unter Beachtung einer wirtschaftlichen Betrachtungsweise) zu erreichen.

Prüfungsvermerk

Vermerk über eine erfolgte betriebswirtschaftliche Prüfung.

Prüfungsziele

Prüfungsziele entsprechen bestimmten *Erklärungen* des Managements. Wenn dieses einen ungeprüften Jahresabschluss vorlegt, dann behauptet es, dass *alle Positionen* erfasst wurden, dem Unternehmen unter rechtlichen oder wirtschaftlichen Gesichtspunkten gehören, tatsächlich existieren, den gesetzlichen Bestimmungen entsprechend richtig bewertet, korrekt ausgewiesen und genau ermittelt wurden. Mit der Formulierung der Prüfungsziele, die nach Entwicklung und Lage des Unternehmens entsprechend zu *gewichten sind*, gibt der Abschlussprüfer zu erkennen, dass er den Auftrag hat, ausreichende und angemessene *Nachweise* dafür zu finden, dass die Erklärungen zur Vollständigkeit, zum Eigentum, zum Bestand, zur Bewertung, zum Ausweis und zur Genauigkeit stimmen.

Qualitätssicherung in der Wirtschaftsprüfung

I. *Anforderungen an die Arbeit von Wirtschaftsprüfern*

An die Arbeit von Wirtschaftsprüfern und vereidigten Buchprüfern sowie entsprechenden Berufsgesellschaften werden seitens der Geschäftspartner wie der allgemeinen Öffentlichkeit hohe Anforderungen gestellt. Sie erwarten ein verlässliches Prüfungsurteil, um darauf aufbauend ihre eigenen Entscheidungen sinnvoll treffen zu können. Zur Erreichung dieses Qualitätsziels muss der Prüfer über Urteilsfähigkeit und Urteilsfreiheit verfügen und sein Urteil sachgerecht gebildet haben. Eine Vielzahl von Regelungen ist darauf ausgerichtet, die drei genannten Bestimmungsfaktoren für Prüfungsqualität zu beeinflussen. Sie umfassen einerseits die Verpflichtung zur Einführung eines Qualitätssicherungssystems in der Wirtschaftsprüfer-Praxis und andererseits ein System von externen Überwachungs- und Sanktionsmaßnahmen zur Durchsetzung der Qualitätsanforderungen. Die Zusammenhänge sind der folgenden Abbildung zu entnehmen.

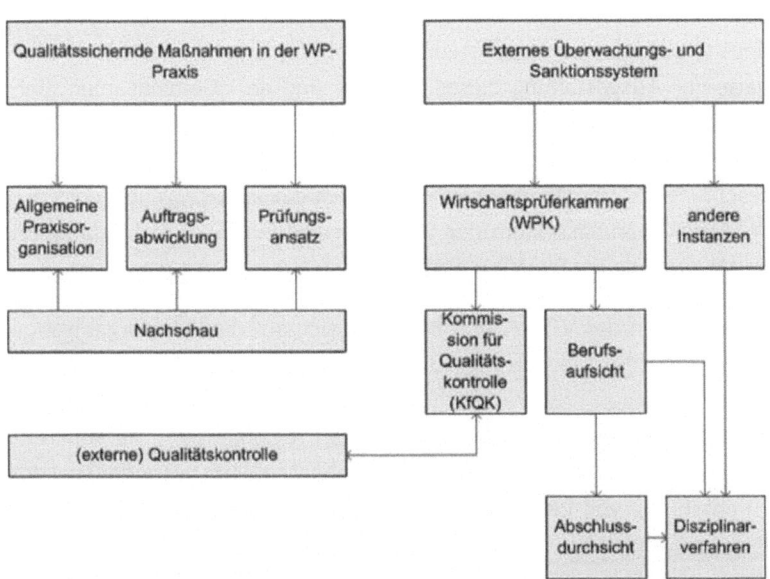

II. Normierung der beruflichen Tätigkeiten des Wirtschaftsprüfers

Bei seiner Berufsausübung hat der Wirtschaftsprüfer den Berufspflichten - § 43 I Wirtschaftsprüferordnung (WPO) - der Unabhängigkeit, Gewissenhaftigkeit, Verschwiegenheit und Eigenverantwortlichkeit zu entsprechen. Er hat sich unparteiisch zu verhalten. Mit seinem Beruf als Wirtschaftsprüfer unvereinbare Tätigkeiten hat er zu unterlassen und sich berufswürdig zu verhalten.

In engem Zusammenhang mit dem Gebot zur gewissenhaften Berufsausübung besteht für den Wirtschaftsprüfer nach § 55b WPO die Verpflichtung, Regelungen zur Einhaltung der Berufspflichten zu schaffen und deren Anwendung zu überwachen und durchzusetzen. Die gesamte berufliche Tätigkeit des Wirtschaftsprüfers ist durch ein derartiges Qualitätssicherungssystem abzusichern. Zu den Berufspflichten gehört es ebenso, die für die Berufsausübung geltenden Bestimmungen sowie die fachlichen Regelungen zu beachten (§ 4 BS WP/vBP). Besondere Ausführungen enthält die Berufssatzung zur Sicherung der Qualität der Berufsarbeit (§§ 31 - 33 BS WP/vBP). Hier werden bereits die grundsätzlichen Bestandteile eines Qualitätssicherungssystems benannt. Ergänzende detaillierte Hinweise zur Ausgestaltung dieses Systems sind der „Gemeinsamen Stellungnahme der WPK und des IDW: Anforderungen an die Qualitätssicherung in der Wirtschaftsprüferpraxis (VO 1/2006)" zu entnehmen. Bei Beachtung der Vorgaben der VO 1/2006 ist davon auszugehen, dass das Qualitätssicherungssystem der Wirtschaftsprüfer-Praxis in Einklang mit der WPO sowie der BS WP/vBP steht.

Die Vorgaben der VO 1/2006 beziehen sich auf die Praxisorganisation und die Auftragsabwicklung. Durch das Institut der Wirtschaftsprüfer (IDW), einen privatrechtlichen Verein, wird die eigentliche inhaltliche Ausgestaltung der Prüfungsaktivitäten reglementiert. Sie konkretisieren sich im risikoorientierten Prüfungsansatz, der insbesondere bei der Durchführung von gesetzlich vorgeschriebenen Jahresabschlussprüfungen anzuwenden ist.

III. *Qualitätssichernde Maßnahmen auf Seiten des Wirtschaftsprüfers*

1. *Regelungen zur allgemeine Praxisorganisation:* Regelungen zur allgemeinen Praxisorganisation beziehen sich auf die Beachtung der allgemeinen Berufspflichten, die Annahme, Fortführung und vorzeitige Beendigung von Aufträgen, die Mitarbeiterentwicklung, die Gesamtplanung aller Aufträge sowie den Umgang mit Beschwerden und Vorwürfen.

Unabhängigkeitsgefährdungen entstehen in Situationen, in denen der Wirtschaftsprüfer sein Urteil nicht mehr frei von sachfremden Erwägungen bilden kann. Zugleich würde gegen den Berufsgrundsatz der Unparteilichkeit verstoßen. Aus Sicht eines Dritten entsteht die Besorgnis der Befangenheit des Wirtschaftsprüfers. Ausgelöst werden derartige Konstellationen durch Eigeninteressen des Wirtschaftsprüfers, im Falle der Selbstprüfung, bei Interessenvertretung sowie durch besondere persönlicher Vertrautheit mit dem Auftraggeber. Vornehmlich durch Information der Mitarbeiter und gegebenenfalls deren Austausch sowie eine auftragsbezogene Qualitätssicherung kann diesen Risiken entgegen gewirkt werden.

Zur Einhaltung der Grundsätze der Gewissenhaftigkeit und Verschwiegenheit sind die Mitarbeiter schriftlich zu verpflichten.

Bei der Annahme eines Auftrags muss die Unabhängigkeit des Wirtschaftsprüfers feststehen. Insbesondere dürfen keine gesetzlichen Ausschlussgründe vorliegen (§ 319 HGB). Der neue Auftrag darf keine nicht beherrschbaren Risiken aufweisen. Sie können sich aus Haftungsgefahren oder möglichem Reputationsverlust ergeben. Dazu ist eine Klassifizierung der Aufträge nach den mit ihnen verbundenen Risiken vorzunehmen. Ergänzend sind Maßnahmen zur Begrenzung der Risiken zu erwägen. Ferner müssen die zur ordnungsgemäßen Auftragsabwicklung erforderlichen personellen Kapazitäten sowie das benötigte Fachwissen zur Verfügung stehen. Ähnliche Überlegungen sind hinsichtlich der Fortführung bzw. Beendigung eines übernommenen Auftrags anzustellen.

Maßgeblichen Einfluss auf die Wettbewerbsfähigkeit einer Wirtschaftsprüfer-Praxis haben Qualifikationsstand und Motivation von Praxisleitung und Mitarbeitern. Der Entwicklung der Mitarbeiter kommt deshalb besondere Bedeutung zu. Das beginnt bereits mit der Auswahl bei der Einstellung von Mitarbeitern und setzt sich in der kontinuierlichen Weiterbildung fort. Jährliche Beurteilungsgespräche verdeutlichen den erreichten Stand und setzen neue Ziele. Die Beurteilungsergebnisse haben Einfluss auf den künftigen Einsatz der Mitarbeiter, um die Prüfungsqualität sicher zu stellen und gleichzeitig die Möglichkeit zur Erweiterung des fachlichen Horizonts zu bieten. Zur Eigeninformation der Mitarbeiter hat die Wirtschaftsprüfer-Praxis hinreichende Medien zur Verfügung zu stellen (Fachbibliothek, Internetzugänge). Über aktuelle fachliche Entwicklungen sind die Mitarbeiter auf dem Laufenden zu halten. Aus den Einzelplanungen für die Mandate ist eine Gesamtplanung aller Aufträge abzuleiten. Sie soll es ermöglichen, ausreichende personelle Kapazitäten zur ordnungsgemäßen Bearbeitung aller Mandate bereit zu stellen.

Beschwerden und Vorwürfen von Mandanten und Mitarbeitern ist nachzugehen. Durch die Praxisleitung oder eine von ihr beauftragte Person sind die notwendigen Konsequenzen zu ziehen.

2. *Regelungen für die Auftragsabwicklung:* Im Zuge der Organisation der Auftragsabwicklung ist für jeden Auftrag ein verantwortlicher Wirtschaftsprüfer oder hinreichend qualifizierter Mitarbeiter zu bestimmen. Er hat dafür zu sorgen, dass Unabhängigkeitsgefährdungen und Interessengegensätze rechtzeitig erkannt werden und die zur Auftragsbearbeitung benötigten quantitativen und qualitativen Ressourcen zeitgerecht zur Verfügung stehen. Gleich zu Beginn einer Prüfung ist ferner festzulegen, welcher Partner oder Mitarbeiter die Berichtskritik bzw. auftragsbegleitende Qualitätssicherung übernimmt.

Entscheidend für die Einhaltung von gesetzlichen Vorschriften und der fachlichen Regelungen für die Auftragsabwicklung ist die Planung der Prüfung. In sachlicher Hinsicht basiert sie auf dem risikoorientierten Prüfungsansatz. Die zeitliche Planung verteilt die gesamten Prüfungsaktivitäten auf Vor- und Hauptprüfung, berücksichtigt die zeitliche Verfügbarkeit von Mitarbeitern und legt die Zeitvorgaben für die einzelnen Prüfungsfelder fest.

Die personelle Planung hat Kompetenz und Erfahrung der einzusetzenden Mitarbeiter und deren Verfügbarkeit zu berücksichtigen. Den Erfordernissen der Unabhängigkeit ist dabei Rechnung zu tragen.

Mithilfe von klar strukturierten Prüfungsanweisungen sind die Mitglieder des Prüfungsteams zu sachgerechten Prüfungshandlungen anzuleiten. Prüfungshandlungen und ihre Ergebnisse sind in den Arbeitspapieren zu dokumentieren. In einem Planungsgespräch zu Beginn der Prüfung ist über Auftragsdurchführung, das Geschäft des Mandanten, Auftragsrisiken und Problembereiche zu informieren.

Gelegentlich treten im Laufe einer Prüfung fachliche Zweifelsfragen auf, die durch das Prüfungsteam nicht gelöst werden können. Sofern die Fragen für das Prüfungsergebnis bedeutsam sind, ist in einem Konsultationsprozess praxisintern oder auch von außen Rat einzuholen. Die grundlegende Fragestellung, das Ergebnis der Konsultation und seine Umsetzung im Beurteilungsprozess sind zu dokumentieren.

Anhand der anzulegenden Arbeitspapiere ist die Auftragsabwicklung durch den verantwortlichen Wirtschaftsprüfer kontinuierlich zu überwachen. Er hat die Prüfungsergebnisse zu würdigen und gegebenenfalls die Einholung weiterer Prüfungsnachweise zu veranlassen.

Ausprägungen der auftragsbezogenen Qualitätssicherung sind Berichtskritik und auftragsbegleitende Qualitätssicherung. Vor Auslieferung an den Mandanten soll ein Prüfungsbericht durch eine zweite Person überprüft werden. Mit der Berichtskritik wird die Einhaltung der fachlichen Regeln überprüft. Sie dient ferner dazu, die im Prüfungsbericht dargestellten Prüfungshandlungen und Prüfungsergebnisse auf Schlüssigkeit zu hinterfragen. Gesetzliche Jahresabschlussprüfungen bei Unternehmen von öffentlichem Interesse (§ 319a I HGB) sind stets einer auftragsbegleitenden Qualitätssicherung zu unterwerfen. Ein bereits zu Beginn der Prüfung benannter Qualitätssicherer achtet darauf, dass den

Regelungen zur Auftragsannahme und -abwicklung entsprochen wurde, mit Auftragsrisiken und Mängeln in der geprüften Rechnungslegung angemessen umgegangen wurde und Dokumentation in den Arbeitspapieren und beabsichtigte Berichterstattung den Standards entsprechen. Zeitnah nach Beendigung der Prüfung ist die Auftragsdokumentation in den Arbeitspapieren abzuschließen. Hierzu ist eine Frist von 60 Tagen nach Erteilung des Bestätigungsvermerks gesetzt. Danach dürfen die Arbeitspapiere grundsätzlich nicht mehr geändert oder ergänzt werden. Sie sind sodann gegen den Einblick Unbefugter geschützt aufzubewahren. Es gilt eine Aufbewahrungsfrist von 10 Jahren.

3. *Konzeption der Jahresabschlussprüfung:* In ihrer inhaltlichen Ausgestaltung folgt die Jahresabschlussprüfung dem risikoorientierten Prüfungsansatz. Sie ist darauf ausgerichtet, mit hinreichender Sicherheit festzustellen, dass der Jahresabschluss keine wesentlichen Fehler enthält. Der Prüfer hat sich mit den Risiken für das Entstehen derartiger Fehler auseinanderzusetzen. Fehlerrisiken können zunächst auf Seiten des Mandanten begründet sein. Sie werden wesentlich bestimmt durch Besonderheiten der Branche, Geschäftsrisiken, Integrität und Kompetenz des Managements, Fehleranfälligkeit von Posten des Jahresabschlusses sowie durch die Komplexität der Geschäftsvorfälle. Vermeidung oder automatische Aufdeckung von Fehlern sind die Aufgaben des internen Kontrollsystems (IKS). Die prüferischen Aktivitäten zielen darauf ab zu beurteilen, welche Risiken einer fehlerhaften Rechnungslegung sich aus allgemeinen (inhärenten) Risiken und den Schwächen des Kontrollsystems ergeben. Ergänzende aussagebezogene Prüfungshandlungen (analytische Prüfungshandlungen, Einzelfallprüfungen) führen zur angestrebten Aussagesicherheit des Prüfungsurteils.

Aufbau und Ablauf der Prüfung folgen den Grundgedanken der Risikoorientierung. Nach einer grundlegenden Information über das Unternehmen mit seinem rechtlichen und wirtschaftlichen Umfeld wird eine erste Risikoeinschätzung vorgenommen. Daran schließen sich die Auseinandersetzung mit den internen Kontrollen in den für die Rechnungslegung relevanten Prozessen und aussagebezogene Prüfungshandlungen an. Nach abschließender Urteilsbildung erfolgen Erstellung des Prüfungsberichts sowie Erteilung des Bestätigungsvermerks.

IV. *Nachschau*

Die in der Wirtschaftsprüfer-Praxis getroffenen Regelungen zur Qualitätssicherung unterliegen einer in angemessenen Zeitabständen durchzuführenden Nachschau. Sie ist darauf gerichtet, Angemessenheit und Wirksamkeit des praxiseigenen Qualitätssicherungssystems zu beurteilen. Dabei wird neben den abstrakten Regelungen zur allgemeinen Praxisorganisation und Auftragsdurchführung deren konkrete Umsetzung bei einzelnen Prüfungsaufträgen untersucht. Hier müssen die gesetzlichen und berufsständischen Anforderungen eingehalten werden, die Berichterstattung über die Ergebnisse des Auftrags ordnungsgemäß erfolgen und die Regelungen des internen Qualitätssicherungssystems eingehalten werden. Der mit der Durchführung der Nachschau Beauftragte kann der eigenen Praxis angehören. Die Ergebnisse der Nachschau dienen der Stabilisierung und Weiterentwicklung des Qualitätssicherungssystems. Sie fließen in die von externer Seite durchzuführende Qualitätskontrolle ein.

IV. *Externes Überwachungs- und Sanktionssystem*

1. *Überwachung durch die Wirtschaftsprüferkammer (WPK):* Gesetzliche Jahresabschlussprüfungen dürfen nur von Prüfern durchgeführt werden, die über eine wirksame Bescheinigung über die Teilnahme am Verfahren der externen Qualitätskontrolle verfügen (§ 319 I HGB). Zur Abwicklung des Verfahrens ist bei der WPK eine Kommission für Qualitätskontrolle (KfQK) installiert. Inhaltlich entspricht das Procedere weitgehend der Nachschau. Allerdings ist der Qualitätskontrollprüfer immer eine außerhalb der geprüften Wirtschaftsprüfer-Praxis stehende Person. Über das Ergebnis seiner Prüfung berichtet er unmittelbar der Kommission für Qualitätskontrolle. Diese erteilt dann entweder die Teilnahmebescheinigung gegebenenfalls unter Auflagen oder versagt sie bei gravierenden Mängeln im untersuchten Qualitätssicherungssystem. Die Teilnahmebescheinigung ist grundsätzlich auf sechs Jahre befristet. Für Prüfungen bei

Unternehmen von öffentlichem Interesse beträgt ihre Gültigkeitsdauer lediglich drei Jahre.

Neben einer Mehrzahl anderer Aufgaben obliegt der WPK die Berufsaufsicht über die Wirtschaftsprüfer und vereidigten Buchprüfer. Zugehörige Teilaufgaben sind das Verfahren zum Widerruf der Bestellung als Wirtschaftsprüfer, Disziplinarverfahren, anlassunabhängige Sonderuntersuchungen sowie die Abschlussdurchsicht. Letztere basiert auf den Veröffentlichungen im elektronischen Bundesanzeiger. Von der WPK werden auf Basis von Stichproben die veröffentlichten Bestätigungsvermerke sowie Jahresabschlüsse und Lageberichte durchgesehen, um Abweichungen von den gesetzlichen Vorschriften und fachlichen Regeln aufzudecken. Dabei wurde im Jahr 2008 eine Anzahl von ca. 1.000 Normabweichungen festgestellt, die den Abschlussprüfern zuzurechnen sind. Die aufgegriffenen Fälle richten sich vorrangig auf die Formulierung des Bestätigungsvermerks, die Darstellung von Chancen und Risiken im Lagebericht sowie besondere Informationen im Konzernabschluss.

2. *Andere Träger von Überwachungsaufgaben:* Überwachungsaufgaben in Zusammenhang mit Jahresabschlüssen werden durch die Deutsche Prüfungsstelle für Rechnungslegung sowie die Bundesanstalt für Finanzdienstleistungsaufsicht wahrgenommen. Ihre Untersuchungen finden bei Unternehmen statt, deren Wertpapiere an einer deutschen Börse zum amtlichen Handel zugelassen sind. Entdecken sie bei ihren Prüfungen Verstöße gegen Rechnungslegungsnormen, die den Verdacht auf eine Pflichtverletzung durch den Abschlussprüfer aufkommen lassen, wird die WPK darüber informiert.

3. *Sanktionen bei Verstößen gegen Berufspflichten:* Aus einer unzureichenden Qualitätssicherung können sich Verstöße des Wirtschaftsprüfers gegen Berufspflichten, insbesondere den Grundsatz der gewissenhaften Berufsausübung, ergeben. Durch Anzeige von Dritten oder die eigene Abschlussdurchsicht werden sie der WPK bekannt. Abhängig von der Schwere der Verfehlung kommen als Sanktionsmittel eine Rüge

gegebenenfalls in Verbindung mit einer Geldbuße bis zu 50.000 Euro oder die Einleitung eines berufsgerichtlichen Verfahrens in Betracht.

Rechnungsprüfung

Prüfung des Rechnungswesens z. B. eines Vereins, gegebenenfalls auch einer Unternehmung.

Redepflicht

Verpflichtung des Abschlussprüfers gemäß § 321 I 3 HGB. Er hat im Prüfungsbericht über bei Wahrnehmung seiner Aufgaben festgestellte Unrichtigkeiten oder Verstöße gegen gesetzliche Vorschriften sowie Tatsachen zu berichten, die den Bestand einer geprüften Unternehmung gefährden, ihre Entwicklung wesentlich beeinträchtigen können oder die schwerwiegende Verstöße der gesetzlichen Vertreter oder von Arbeitnehmern gegen Gesetz, Gesellschaftsvertrag oder Satzung erkennen lassen.

Retrograde Prüfung

Prüfung eines Vorgangs über eine Prüfungskette, ausgehend von der Letzterfassung im Jahresabschluss und zurückgehend bis zum wirtschaftlichen Tatbestand. Prüfungsrichtung und Richtung der Fehlerentstehung und Fehlerfortpflanzung sind gegenläufig.

Revision

Revision wird in der Regel gleichgesetzt mit Prüfung. Wird eine betriebswirtschaftliche Prüfung von unternehmensinternen (mit der Unternehmung durch Arbeitsvertrag verbundenen) Mitarbeitern durchgeführt, wird hierfür in der Regel der Terminus interne Revision verwendet.

Revisor

Person, die Revisionen im Rahmen der Unternehmensüberwachung durchführt.

Risikoprofil

Versteht man unter Risiko die Möglichkeit ungünstiger künftiger Entwicklungen, dann erfasst der Begriff des Risikoprofils deren *ausgeprägte* Merkmale. Hierbei spielen unter besonderer Berücksichtigung von *Eintrittswahrscheinlichkeit* und *Wirkung* Belastungen durch geringere Einnahmen und/oder durch höhere Ausgaben eine wesentliche Rolle. Aus dem Risikoprofil lassen sich auch die Bedingungen ableiten, unter denen die Existenz eines Unternehmens gefährdet ist.

Risikovernetzung

Eine Risikovernetzung liegt vor, wenn sich durch den Eintritt eines Ereignisses mehrere Risiken *gleichzeitig* konkretisieren. So kann ein konjunkturbedingter Umsatzrückgang (mit entsprechendem Liquiditätsengpass) z. B. auch Strukturschwächen bei Fertigungsprozessen oder der IT-Ausstattung offenlegen. Vernetzung führt in der Regel also zu *kumulativen* Wirkungen.

Schlussbesprechung

1. Der *mündliche Bericht des Abschlussprüfers* gegenüber der Geschäftsleitung des geprüften Unternehmens dient der Erläuterung von Prüfungsergebnissen der Pflichtprüfung und gibt der Unternehmensleitung die Möglichkeit, zu einzelnen Feststellungen oder noch offenen Fragen Stellung zu nehmen.

2. *Abschließende Verhandlung nach einer Außenprüfung zwischen Unternehmer, Gesellschaftern und Vertretern der zuständigen Finanzbehörden* (§ 201 AO): Bei der Schlussbesprechung sind besonders strittige Sachverhalte sowie die rechtliche Beurteilung der Prüfungsfeststellungen und ihre steuerlichen Auswirkungen zu erörtern. Gegenstand der Schlussbesprechung sind dabei Beanstandungen der Buchführung und Erklärungen zu einzelnen fraglichen Punkten anhand des Entwurfs des Betriebsprüfungsberichtes. Angestrebt wird Einigung über die Behandlung der aufgeworfenen Fragen bzw. klare Herausarbeitung und Trennung der Punkte, über die Einigung erzielt und nicht erzielt worden ist; der Sache nach ein gegenseitiges Nachgeben. Rechtsirrtümer, die die Finanzbehörde nach

der Schlussbesprechung erkennt, kann sie bei der Auswertung der Prüfungsfeststellungen auch dann richtig stellen, wenn an der Schlussbesprechung der für die Steuerfestsetzung zuständige Beamte teilgenommen hat. Zusagen im Rahmen einer Schlussbesprechung, die im Betriebsprüfungsbericht nicht aufrechterhalten werden, erzeugen schon aus diesem Grund keine Bindung der Finanzbehörde nach Treu und Glauben. Die letztlich verbindliche Entscheidung wird danach erst im Betriebsprüfungsbericht und dem darauf folgenden Steuerfestsetzungsverfahren getroffen.

Stichprobenprüfung

1. *Charakterisierung:* Form einer Prüfung, bei der nur eine Auswahl von Prüfungs-(Ist-)Objekten (Stichprobenelemente) aus der Menge des Prüfungskomplexes (Grundgesamtheit) geprüft wird. Das Gesamturteil wird durch einen Schluss von dem Zustand der geprüften Istobjekte der Stichprobe auf den wahrscheinlichen Zustand sämtlicher Istobjekte des Prüfungskomplexes gewonnen. Eine Stichprobenprüfung ist nur möglich, wenn keine vollkommene Sicherheit über den Prüfungskomplex gefordert ist; unter Wirtschaftlichkeitsgesichtspunkten der Prüfung kann sie dann geboten sein. Ihre Einsetzbarkeit hängt vom Vorliegen bestimmter methodischer Bedingungen ab.

2. *Auswahlprinzipien:*

a) *Bewusste Auswahl:* Der Prüfer bestimmt Ansatz und Umfang der Stichprobe nach seinem Ermessen, ausgehend z. B. von persönlichen Berufserfahrungen, Branchen- und Unternehmungskenntnissen. Wichtig sind auch die absolute oder relative Bedeutung des einzelnen Prüfungsgegenstandes und das jeweilige Fehlerrisiko. Entnahmetechniken sind z. B. Auswahl typischer Fälle (Auswahl typischerweise fehlerbehafteter Elemente einer Grundgesamtheit nach allgemeinen oder speziellen Erfahrungen des Prüfers), Auswahl nach dem Konzentrationsprinzip (Cut-off-Verfahren, Auswahl der Elemente nach deren Gewicht, besonders nach der Höhe der Istwerte) und Klumpenauswahl (Auswahl eines Teilbereichs aus einer Grundgesamtheit; dieser Teilbereich wird lückenlos geprüft).

Eine Bezifferung von Sicherheit und Genauigkeit der Urteilsaussage ist nicht möglich. Der erforderliche Stichprobenumfang wird nicht mithilfe von mathematisch-statistischen Verfahren errechnet. Ob die angesetzte Stichprobe repräsentativ ist, lässt sich in der Regel nicht nachweisen.

b) *Zufallsauswahl:* Mithilfe mathematisch-statistischer Methoden wird aus der Grundgesamtheit eines Prüfungsbereichs eine hinsichtlich des zu prüfenden Merkmals repräsentative Stichprobe ausgewählt (uneingeschränktes Zufallsstichprobenverfahren); im Fall heterogener Grundgesamtheiten (Streuung der Merkmalswerte der Elemente der Grundgesamtheiten in einem weiten Bereich) können komplexe Formen der Auswahl (höhere Zufallsstichprobenverfahren) erforderlich werden.

3. Arten von Zufallsstichproben bezüglich prüferischer Fragestellungen:

a) *Schätzstichproben:* Aus einer Analyse des Fehleranteils oder des Fehlerwertes der Stichprobenelemente wird auf den Zustand des gesamten Prüfungsobjekts (auf dessen Fehleranteil oder dessen Gesamtfehlerwert) geschlossen.

b) *Teststichproben:* Ein Hypothesenpaar über den Zustand der Grundgesamtheit (d.h. deren Ordnungsmäßigkeit/Nichtordnungsmäßigkeit) wird getestet. Bei vorgegebener Höchstgrenze des Anteils fehlerbehafteter Elemente oder des Gesamtfehlerwertes einer Grundgesamtheit und vorgegebenem Sicherheits- und Genauigkeitsgrad wird aufgrund der Zahl der fehlerhaften Elemente einer Stichprobe bzw. aufgrund deren Fehlerwert getestet, ob das Prüfungsobjekt als (noch) ordnungsmäßig gelten kann oder ob es als wesentlich (materiell) fehlerhaft einzustufen ist.

Systemprüfung

Prüfung, bei der festgestellt wird, ob und inwieweit sich der Prüfer auf die zuverlässige und vollständige betriebliche Erfassung und Verarbeitung der Elemente des zu prüfenden Objektes verlassen kann. Vom Ergebnis der Systemprüfung hängt ab, wie weitgehend nachfolgende Prüfungshandlungen durchzuführen sind. Von besonderer Bedeutung für eine

Jahresabschlussprüfung sind die Systemprüfungen als Prüfung des Internen Kontrollsystems (IKS) und die EDV-Systemprüfung.

Treugeber

Natürliche oder juristische Person, die dem Treuhänder im Hinblick auf die Treuhandschaft Sachen oder Rechte überträgt.

Treugut

Bewegliche und unbewegliche Sachen, Forderungen und sonstige Rechte, soweit übertragbar (z. B. Rechnungslegungsrechte, Kontrollrechte, Auskunftsrechte), die dem Treuhänder im Rahmen einer Treuhandschaft übertragen werden. Das Treugut ist vom Treuhänder gesondert (getrennt von seinem eigenen Gut) zu verwalten.

Treuhandgeschäfte

Alle Rechtsgeschäfte, die ein Treuhandverhältnis begründen, z. B. Sicherungsübereignung, Inkassoabtretung.

Treuhandgesellschaften

Gesellschaften, die im Wesentlichen Buch- und Bilanzprüfungen durchführen und Beratungsaufgaben übernehmen. Die Übernahme von Treuhandschaften ist heute gegenüber Prüfungs- und Beratungstätigkeit zurückgetreten.

Treuhandschaft

I. Begriff

Rechtsverhältnis, bei dem eine natürliche oder juristische Person (Treugeber) einer zweiten Person (Treuhänder) ein Recht unter der Bedingung überträgt, von diesem Recht nicht zum eigenen Vorteil Gebrauch zu machen. Treuhandschaften sind der Gegenstandsbereich des Treuhandwesens. Die Erscheinungsformen sind vielfältig; einen einheitlichen Typus von Treuhandschaft gibt es nicht. Gemeinsames Charakteristikum ist die Uneigennützigkeit und Vertrauenswürdigkeit bei der Wahrnehmung fremder Interessen bzw. die uneigennützige Ausübung von amtlichen Befugnissen.

II. *Entstehung*

1. *Rechtsgeschäftliche Begründung:* Privat- oder öffentlich-rechtlicher Treuhandvertrag zwischen Treugeber und Treuhänder, bei gesetzlich gestalteter Treuhandschaft unter Beachtung zwingender oder dispositiver gesetzlicher Vorschriften.

2. *Begründung durch staatlichen Hoheitsakt:* Zwangsweise aufgrund gesetzlicher Bestimmungen, durch Verwaltungsakte oder gerichtliche Anordnung.

III. *Formen*

1. *Nach der Rechtszuständigkeit des Treuhänders:*

a) Treuhandschaft im engeren Sinne:

(1) *Vollberechtigungs-Treuhandschaft (fiduziarische Treuhandschaft, echte Treuhandschaft):* Der Treuhänder erwirbt Sachen bzw. Rechte zu eigenem Vollrecht. Er soll das Treugut im eigenen Namen, aber nicht im eigenen Interesse innehaben. Gegenüber Dritten kann er über sämtliche Rechte aus dem Treugut verfügen; dem Treugeber ist er schuldrechtlich verpflichtet, von diesen Rechten nur auftragsgemäß Gebrauch zu machen. Nach außen ist die Treuhandschaft nicht erkennbar.

(2) *Ermächtigungs-Treuhandschaft:* Eigentumsübertragung an den Treuhänder findet nicht statt; der Treugeber bleibt juristischer Eigentümer. Der Treuhänder wird ermächtigt, über die Sache bzw. das Recht im eigenen Namen zu verfügen (§ 185 BGB). Der Treugeber bleibt grundsätzlich konkurrierend mit dem Treuhänder verfügungsberechtigt, was vertraglich abbedungen werden kann. Für Dritte wird die Treuhandschaft nicht erkennbar.

b) Treuhandschaft im wirtschaftlichen Sinn *(Vollmachts-Treuhandschaft):* Gegenüber Dritten kann der Treuhänder kein Vollrecht ausüben. Er tritt nach außen erkennbar in fremdem Namen auf. Es handelt sich um eine Treuhandschaft, die auf einer erteilten Vollmacht beruht.

2. Nach Aufgabenstellung und Zweck der Treuhandschaft:

a) *Verwaltungs-Treuhandschaft (uneigennützige Treuhandschaft):* Der Treuhänder nimmt ausschließlich die Treugeberinteressen wahr; die uneigennützige Verwaltung des Treugutes ist charakteristisch. Entgeltlichkeit steht der Uneigennützigkeit nicht entgegen.

b) *Sicherungs-Treuhandschaft (eigennützige Treuhandschaft):* Dem Treuhänder wird eine dingliche pfandrechtsähnliche Stellung zur Sicherung seiner Ansprüche gegen den Treugeber eingeräumt. Ein bedingtes Zugriffsrecht auf das Treugut wird vereinbart. Die Sicherungs-Treuhandschaft wird im Interesse des Treuhänders begründet; sie ist deshalb eigennützig. Besonders bedeutungsvoll ist sie bei Kreditsicherungen (z. B. Sicherungsübereignung).

c) *Doppelseitige Treuhandschaft:* Der Treuhänder nimmt gleichzeitig die Interessen von Gläubiger und Schuldner wahr und wird als unparteiische Vertrauensperson eingeschaltet. Im Verhältnis zum Gläubiger ergibt sich Verwaltungs-Treuhandschaft, im Verhältnis zum Schuldner Sicherungs-Treuhandschaft. Rechtliche Begründung durch einen Dreiecksvertrag bzw. durch einen Vertrag zugunsten Dritter. Wichtige Rolle z. B. bei außergerichtlichen Liquidationsvergleichen, Konsortialkrediten mit Sicherheiten-Pool und für die Wahrnehmung von Interessen Beteiligter an Bauherrengemeinschaften.

IV. *Bilanzierung*

Bei der Treuhandschaft kann wirtschaftliches Eigentum und zivilrechtliches Eigentum auseinander fallen (Vermögensgegenstand).

1. Folge in diesen Fällen für die Bilanzierung in der *Handelsbilanz:* Das Treugut ist grundsätzlich *beim Treugeber* zu aktivieren, wenn dieser wirtschaftlicher Eigentümer ist; hat es der Treuhänder von einem Dritten für den Treugeber erworben, kann letzterer anstelle des Trenngutes auch den gegenüber dem Treuhänder bestehenden Herausgabeanspruch aktivieren

(strittig). Behandlung des Treuguts *beim Treuhänder* (überwiegende Auffassung): Ausweis des Treuguts auf der Aktivseite unter dem Strich oder Aufnahme in die Vorspalte des entsprechenden Aktivpostens. Es wird jedoch auch die Aktivierung bei gleichzeitiger Passivierung der Herausgabeverpflichtung gegenüber dem Treugeber für zulässig angesehen. Zumindest für Kredit- und Finanzdienstleistungsinstitute hat der Verordnungsgeber die zuletzt genannte Bilanzierung in der Verordnung über die Rechnungslegung der Kredit- und Finanzdienstleistungsinstitute vorgeschrieben (§ 6).

2. Die Behandlung in der *Steuerbilanz* entspricht der handelsrechtlichen mit der Einschränkung, dass das Treugut auch bei Erwerb von Dritten durch den Treugeber zu aktivieren ist.

Treuhandvertrag

1. *Begriff:* Vereinbarung zur Begründung einer rechtsgeschäftlich gestalteten Treuhandschaft. Der Treuhandvertrag regelt Rechte und Pflichten von Treugeber und Treuhänder.

2. *Rechtliche Einordnung:* In der Regel Auftrag (§ 662 BGB) oder Geschäftsbesorgungsvertrag (§ 675 I BGB). Zu beachten sind die BGB-Bestimmungen des Auftragsrechts (§§ 662–674 BGB) und des allgemeinen Vertragsrechts, besonders § 242 BGB (Treu und Glauben), die regelmäßig aber dispositiv sind.

3. *Form:* Grundsätzlich ist keine bestimmte Form vorgeschrieben; anders nur in Ausnahmefällen (z. B. notarielle Beurkundung beim Erwerb von Grundstücken durch den Treuhänder). Schriftform ist aber auch bei Fehlen spezieller Vorschriften empfehlenswert.

4. *Inhalt:* Wirtschaftlicher Zweck, Beginn und Ende der Treuhandschaft, Abgrenzung und Verwahrung des Treuguts, Aufgaben und Pflichten des Treuhänders, Rechtsstellung des Treuhänders im Innen- und Außenverhältnis, Weisungsrechte des Treugebers, Vergütung und Aufwendungsersatz, Art und Umfang der Rechenschaftslegung, Haftung.

Treuhandwesen

Im Überschneidungsbereich von Wirtschafts- und Rechtswissenschaften angesiedeltes Gebiet, das sich mit Treuhandschaften beschäftigt. Treuhandwesen fußt nicht auf einer geschlossenen Rechtsgrundlage, sondern wurde vielmehr durch die Wirtschaftspraxis, die Rechtslehre und die Rechtsprechung begründet und fortentwickelt. Der Gegenstandsbereich ist nicht scharf abgegrenzt.

Wichtigste Inhalte: Verwaltung von Fremdvermögen, Liquidation, Insolvenzverwaltung, Zwangsverwaltung, Notgeschäftsführung, Schiedsrichter- und Schiedsgutachtertätigkeit, Vormundschaft, Pflegschaft, Pfandhalterschaft, Sicherungsübereignung, Sicherungsabtretung, Grundstückserwerb für Rechnung Dritter.

Überwachung

1. *Begriff:* Vorgehen, bei dem eventuelle Abweichungen zwischen beobachtbaren Istzuständen und vorzugebenden bzw. zu ermittelnden Sollzuständen festgestellt und beurteilt werden sollen.

2. *Zweck:* Fehlerentdeckung und Fehlervermeidung sowie Erlangung von Informationen, die der Entscheidungsverbesserung all derjenigen dienen können, die über das Ergebnis der Überwachung unterrichtet werden.

3. *Teilfunktionen:* Unterbegriffe der Überwachung sind Prüfung (Revision) und Kontrolle. Die Differenzierung erfolgt in der Regel nach der Beziehung des Überwachenden zum Überwachungsobjekt (Prozessabhängigkeit).

Unerlaubte Delegation von Vertrauen

Es ist insbesondere der Aufsichtsrat, aber es sind auch die übrigen Personen und Institutionen, die an Entwicklung und Lage eines Unternehmens in höchstem Maße interessiert sind. Sie vertrauen darauf, dass das Urteil des Wirtschaftsprüfers, das letztlich in einem Bestätigungsvermerk oder auch in einem Versagungsvermerk zum Ausdruck kommt, auf seinen ureigenen Kenntnissen und Entscheidungen beruht. Ein solches Vertrauen ist im Rahmen handelsrechtlicher Bestimmungen nicht delegierbar. Bedient sich der Wirtschaftsprüfer der Arbeit oder des Wissens fremder Dritter (dies kann auch im Wege der Konsultation geschehen), so hat er sich *selbst* ein Urteil über die fachliche Qualität dieser Personen oder Institutionen zu bilden. Das Ergebnis einer Konsultation muss aber vor dem Tribunal der Eigenverantwortlichkeit des Wirtschaftsprüfers Bestand haben, denn er muss schließlich selbst wissen und darüber auch den Nachweis führen, warum er sich aus gutem Grund auf einen anderen verlassen kann.

Union Européenne des Experts Comptables Economiques et Financiers (UEC)

Älteste der internationalen Berufsorganisationen der Wirtschaftsprüfer; Sitz in Paris.

Aufgaben: Meinungsaustausch über alle Fragen, die den Berufsstand interessieren, über die Weiterentwicklung des betriebswirtschaftlichen Gedankenguts und über den Vergleich national unterschiedlicher Gegebenheiten; außerdem Empfehlungen in fachlichen und berufsrechtlichen Bereichen.

Seit 1987 mit der Groupe d'Etudes des Experts Comptables de la C.E.E. unter dem Dach der Fédération des Experts Comptables Européens (FEE) mit Sitz in Brüssel vereint.

Unterschlagungsrevision

Besondere Form der Revision, bei der nicht nur die ordnungsmäßige Buchung bestimmter Vorgänge zu prüfen ist, sondern auch die rechtmäßige oder unrechtmäßige Verwendung entnommener Gelder, Wertpapiere oder sonstiger anvertrauter Gegenstände. Unterschlagungsrevision ist Sammelbegriff für Prüfungen bei Verfehlungen verschiedener Art, wie Betrug, Diebstahl, Unterschlagung, sowie allgemein bei unsolider und unkorrekter Geschäftsführung zum Vorteil des Handelnden, also Arten von Verfehlungen, mit denen häufig auch eine Straftat verbunden ist.

Vereidigter Buchprüfer

1. *Begriff:* Vereidigter Buchprüfer ist, wer nach den Vorschriften der Wirtschaftsprüferordnung (WPO) als solcher anerkannt oder bestellt ist (§ 128 I 1 WPO). Vereidigter Buchprüfer ist ein freier Beruf. Im beruflichen Verkehr ist die Bezeichnung „vereidigter Buchprüfer" zu führen (§ 128 II 1 WPO). Der *Berufszugang* wurde mit der Verabschiedung der WPO im Jahre 1961 geschlossen, 1986 mit dem Bilanzrichtlinien-Gesetz (BiRiLiG) jedoch neu geöffnet und zuletzt mit der Verabschiedung der Fünften WPO-Novelle (Inkraftgetreten am 1.1.2004) erneut geschlossen. Letztere sieht die Wiederherstellung der Einheitlichkeit des Prüferberufes unter Schließung des Berufszugangs zum vereidigten Buchprüfer vor.

2. *Aufgaben und Tätigkeiten:* Vereidigte Buchprüfer haben gemäß § 129 I WPO die Aufgabe, Prüfungen auf dem Gebiet des betrieblichen Rechnungswesens, besonders Buch- und Bilanzprüfungen, durchzuführen. Über das Ergebnis ihrer Prüfungen können sie Prüfungsvermerke erteilen; dazu gehören auch Bestätigungen und Feststellungen, die sie aufgrund gesetzlicher Vorschriften vornehmen. Besonders können vereidigte Buchprüfer Pflichtprüfungen von Jahresabschlüssen von mittelgroßen GmbHs mit den in § 267 II HGB festgelegten Kriterien und Personenhandelsgesellschaften, bei denen kein persönlich haftender Gesellschafter eine natürliche Person ist (§ 264a HGB) nach § 316 I 1 HGB durchführen (Jahresabschlussprüfung). Vereidigte Buchprüfer sind außerdem nach § 129 II WPO befugt, ihre Auftraggeber in steuerlichen Angelegenheiten nach Maßgabe der bestehenden Vorschriften zu beraten und zu vertreten. Sie können unter Berufung auf ihren Berufseid auf den Gebieten des betrieblichen Rechnungswesens als Sachverständige auftreten, in wirtschaftlichen Angelegenheiten beraten und fremde Interessen wahren sowie als Treuhänder tätig werden (§ 129 III WPO).

3. *Zulassungsvoraussetzungen/Prüfung/Bestellung:* Die §§ 131, 131a-d WPO a. F. wurden mit Verabschiedung der Fünften WPO-Novelle aufgehoben, d.h. grundsätzlich können keine neuen vereidigten Buchprüfer mehr bestellt werden.

4. Vereidigte Buchprüfer sind *Mitglieder in der Wirtschaftsprüferkammer (WPK)* (§ 128 III 1 WPO) und werden im Berufsregister geführt.

5. Auf vereidigte Buchprüfer finden die *Vorschriften* über die freie Berufsausübung, die berufliche Niederlassung, die Eintragung und Löschung im Berufsregister, die Rechte und Pflichten und die Berufsgerichtsbarkeit für Wirtschaftsprüfer sowie die allgemeinen Vorschriften für das Verwaltungsverfahren entsprechende Anwendung (§ 130 I WPO).

Verfallszeit

Verfallzeiten (eigentlich nur aus der Atom-Physik durch den Begriff der Halbwertszeit bekannt) gibt es unter anderem auch im Wirtschaftsleben, z. B. in der Wirtschaftsprüfung. Es ist damit ein Zeitrahmen (z. B. zwei bis drei Jahre) gemeint, in dem damit gerechnet werden muss, dass bei früheren Untersuchungen gewonnene Kenntnisse über die Geschäftstätigkeit und das rechtliche und wirtschaftliche Umfeld einer Unternehmung aufgrund nachhaltig geänderter Bedingungen und Abläufe keine Gültigkeit mehr besitzen. Damit werden dann auch Verfallzeiten zu einem wesentlichen Gegenstand einer soliden Planung z. B. für die Prüfung des internen Kontrollsystems (IKS).

Verprobung

I. *Buchführung*

Überprüfung der Richtigkeit der Buchführungsergebnisse mithilfe von prüfungstechnischen Formeln (Verprobungsmethoden), besonders im Verlauf der handelsrechtlichen Jahresabschlussprüfung und der steuerlichen Außenprüfung.

II. *Revision*

Verprobung kennzeichnet einen Soll-Ist-Vergleich, bei dem einem zu prüfenden Istwert ein aufgrund von Plausibilitätsüberlegungen gewonnener Sollwert gegenübergestellt wird, in der Hoffnung, im Prüfungsstoff vorhandene Auffälligkeiten, gegebenenfalls auch potenzielle Fehler, zu entdecken. Die Verprobung dient als Ausgangspunkt für weitere

Prüfungsplanungen/-handlungen zur Fehlersuche. Die Sollwerte können sowohl unternehmensinternen (Kennziffern aus anderen Zeiträumen) als auch unternehmensexternen Ursprungs sein (Kennziffern eines anderen Unternehmens; auch Durchschnittswerte möglich). Methode der indirekten Prüfung.

Verprobungsmethoden

Im Rahmen der Jahresabschlussprüfung können Verprobungsmethoden in allen Phasen des Prüfungsprozesses eingesetzt werden (bei der anfänglichen Ausgangsplanung, der Prüfprogrammentwicklung, der Prüfungsdurchführung, der abschließenden Durchsicht). Gemeinsam ist den Verprobungsmethoden, dass nicht einzelne Geschäftsvorfälle als solche betrachtet werden, sondern die Plausibilität aggregierter Größen durch Gegenüberstellung von adäquaten Vergleichswerten hinterfragt wird (Verprobung).

Gebräuchliche Verprobungsmethoden sind unter anderem:

(1) Einfache quantitative Verfahren, etwa

(a) Zuschreibeformel (Anfangsbestand + Zugänge - Abgänge = Endbestand), anwendbar z. B. bei der Plausibilisierung des für ein Geschäftsjahr ausgewiesenen Wareneinsatzes,

(b) Kalkulationsschemen,

(c) Kennzahlenrechnungen.

Beispiele:

```
a)   Warenanfangsbestand
   + Warenzugänge
   - Warenendbestand
   = Soll-Warenabgang (Soll-Wareneingang)
b)   Wareneinsatz
   + Rohaufschlag
   = Soll-Umsatzerlös
```

(2) Einfache grafische Verfahren, z. B. Zeitreihenvergleiche. Bei Zeitreihenvergleichen wird die zeitliche Entwicklung konkreter Unternehmensdaten, die über feste Input-Output-Relationen inhaltlich miteinander verbunden sind (z. B. Umsatz, Wareneinsatz) betrachtet. Durch die grafische Aufbereitung von Zeitreihenvergleichen unter Verwendung eines Koordinatensystems mit halblogarithmischer Skalierung lassen sich unerwartete Verlaufsentwicklungen einzelner Daten leichter aufdecken.

Beispiel: Bei unveränderten Absatzpreisen ist der Umsatzverlauf eines Produktes weniger stark angestiegen als die zugehörige Wareneinsatzmenge; Ursache könnte eine Umsatzverkürzung sein.

(3) Höhere (oft multivariate) quantitative Verfahren, z. B. Regressions-, Faktoren-, Korrelationsanalysen, multivariate Diskriminanzanalysen, mathematische Zeitreihenanalysen, einschließlich multivariater Darstellungen von Verprobungsdaten.

Versicherungsgesellschaft

I. *Versicherungswesen*

Unternehmen, die Versicherungsgeschäfte betreiben und nicht Träger der Sozialversicherung sind (§ 341 I HGB bzw. § 1 I VAG). Nach deutschem Aufsichtsrecht dürfen Erstversicherungsgeschäfte nur von Unternehmen in den Rechtsformen der AG, der Europäischen Gesellschaft (SE), des VVaG und der öffentlich-rechtlichen Körperschaft oder Anstalt betrieben werden (§ 7 I VAG); die nicht zulässigen Rechtsformen gelten als ungeeignet, da sie keine hinreichenden Möglichkeiten für einen wirksamen Schutz der Versicherungsnehmer bieten. Das Prinzip der Spartentrennung gestattet es rechtlich selbstständigen Erstversicherungsunternehmen nicht, neben dem Geschäftsfeld Lebensversicherung oder Krankenversicherung Produkte aus anderen Versicherungszweigen anzubieten (vgl. § 8 Ia VAG).

II. *Steuerliche Behandlung*

1. *Besteuerung des Einkommens:* Versicherungsunternehmen unterliegen, da in der Rechtsform der juristischen Person zu betreiben, der

Körperschaftsteuer. Aufgrund der gewählten Rechtsformen gelten bei ihnen, sofern Sitz und/oder Geschäftsleitung im Inland liegen, außerdem sämtliche Einkünfte als Einkünfte aus Gewerbebetrieb (§ 8 II KStG). Die Gewinnermittlung geschieht durch Bilanzierung, dabei sind für bestimmte versicherungsspezifische Sonderprobleme Sonderregelungen zu beachten (z. B. für Schadensrückstellungen, Beitragsrückgewähr). Aufgrund ihrer Rechtsform unterliegen die Versicherungsunternehmen außerdem mit ihrem gesamten Gewinn der Gewerbesteuer (§ 2 GewStG); hierbei sind die Hinzurechnungen und Kürzungen von besonderem Interesse.

2. *Besteuerung der Umsätze*: Versicherungsunternehmen sind Unternehmer im umsatzsteuerlichen Sinne und erbringen dadurch, dass sie jemandem Versicherungsschutz verschaffen, typischerweise sonstige Leistungen, die steuerbar sind, wenn der Ort der sonstigen Leistung im Inland liegt (Regelfall). Jedoch ist die Erbringung von Versicherungsschutz europaweit von der Umsatzsteuer befreit (§ 4 Nr. 11 UStG; aufgrund zwingender EU-rechtlicher Vorgabe in der Mehrwertsteuersystemrichtlinie), weil die Einnahmen der Versicherungsunternehmen traditionell bereits einer spezielleren Verbrauchsteuer, der sogenannten Versicherungsteuer, unterliegen. Wegen dieser Umsatzsteuerbefreiung haben Versicherungsunternehmen konsequenterweise kein Recht auf Vorsteuerabzug (§ 15 II UStG).

3. *Grenzüberschreitende Aktivitäten*: Wie andere Unternehmen auch, müssen Versicherungen Steuern auf ihr Einkommen dann, wenn Doppelbesteuerungsabkommen vorhanden sind, nur dort bezahlen, wo sie eine Betriebsstätte unterhalten (und zwar dann auch nur auf den Teil des Gewinns, der dieser Betriebsstätte zuzurechnen ist; Betriebsstättenprinzip); Tochtergesellschaften versteuern ihren Gewinn im jeweiligen Sitzland.

Vollständigkeitserklärung

Vom Abschlussprüfer in der Regel gegen Ende der Prüfung eingeholte Versicherung der geprüften Unternehmung über die Vollständigkeit der erteilten Auskünfte und Nachweise; dient der Ergänzung der Jahresabschlussprüfung, ist kein Ersatz für Prüfungshandlungen.

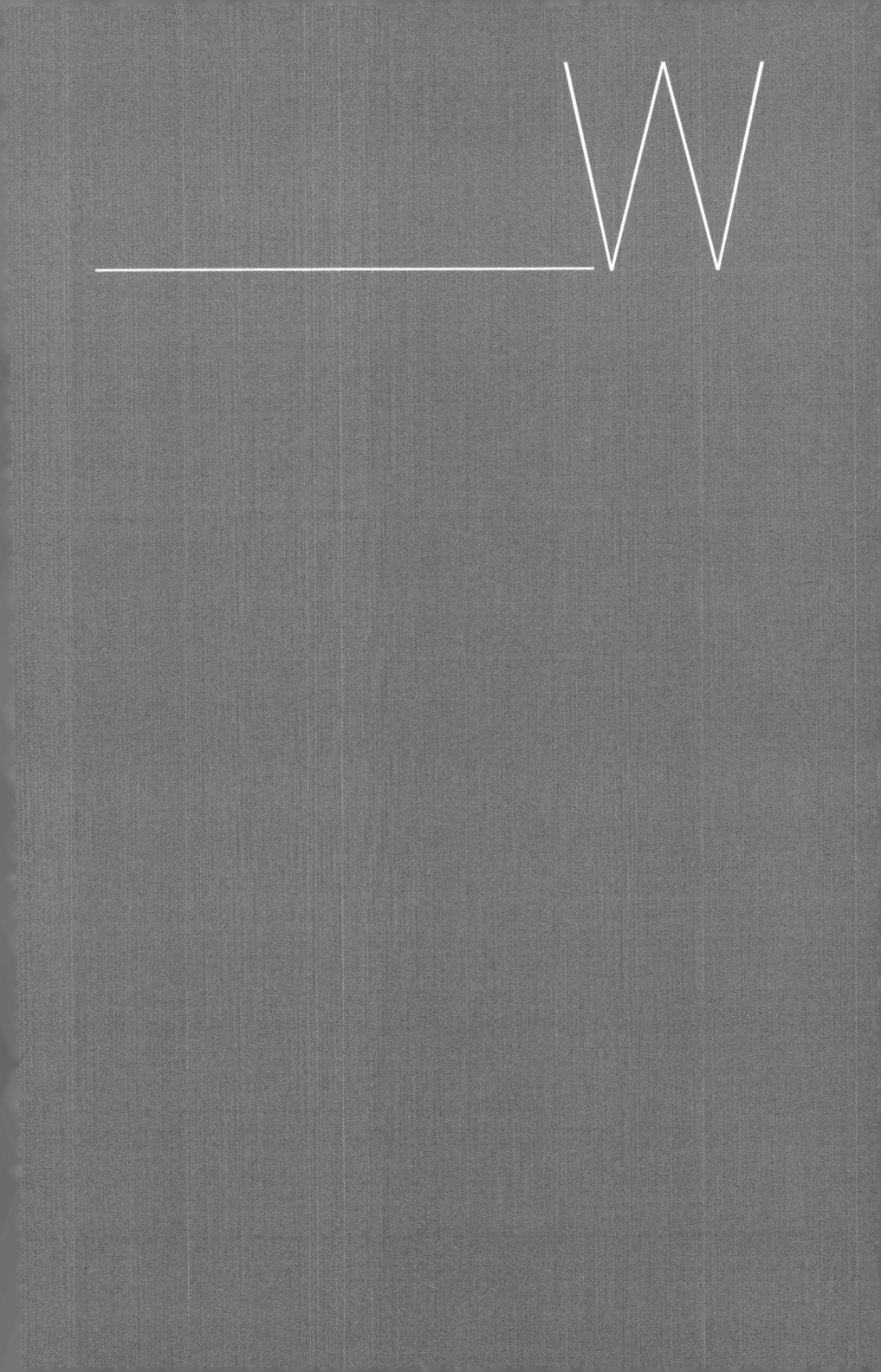

Wesentlichkeit

Nach der Terminologie des Prüfungsstandards Nr. 250 des Instituts der Wirtschaftsprüfer, „besagt der Grundsatz der Wesentlichkeit in der Abschlussprüfung, dass die Prüfung des Jahresabschlusses und des Lageberichtes...darauf auszurichten ist, mit hinreichender Sicherheit falsche Angaben aufzudecken, die auf Unrichtigkeiten oder Verstöße zurückzuführen sind und die wegen ihrer Größenordnung oder Bedeutung einen Einfluss auf den Aussagewert der Rechnungslegung für die Abschlussadressaten haben. Durch die Berücksichtigung des Kriteriums der Wesentlichkeit in der Abschlussprüfung erfolgt die Konzentration auf entscheidungserhebliche Sachverhalte."

Um den Grundsatz richtig zu verstehen, muss man wissen, dass das Management, wenn es einen ungeprüften Jahresabschluss vorlegt, erklärt, dass *alle Positionen* erfasst wurden, dem Unternehmen unter rechtlichen oder wirtschaftlichen Gesichtspunkten gehören, tatsächlich existieren, den gesetzlichen Bestimmungen entsprechend richtig bewertet, korrekt ausgewiesen und genau ermittelt wurden. Den Erklärungen des Managements, die für den kritischen Wirtschaftsprüfer zunächst nur Behauptungen sind, stehen dessen (gleichnamige) Prüfungsziele gegenüber, denn er muss den *Nachweis* führen, dass die einzelnen Aussagen zur Vollständigkeit, zum Eigentum, zum Bestand, zur Bewertung, zum Ausweis und zur Genauigkeit stimmen. Wesentlichkeit bedeutet dann, dass die Prüfungsziele nach Lage des Unternehmens richtig *gewichtet* sind und mit sachgerechten Methoden (Vergleich, Augenscheinnahme, Befragung, Beobachtung, Bestätigung, Einsichtnahme und Nachrechnen) *verfolgt* werden (Prüfungstechnik). So werden z. B. bei einem unter Ertragsdruck stehenden Unternehmen Fragen nach dem *Bestand* der Forderungen eine größere Rolle spielen als Fragen nach der mathematisch korrekten Ermittlung von Abschreibungen auf den Fuhrpark.

Wirtschaftsprüfer (WP)

I. *Begriff*

Wirtschaftsprüfer sind nach § 1 I 1 des Gesetzes über eine Berufsordnung der Wirtschaftsprüfer (Wirtschaftsprüferordnung (WPO)) Personen, die als solche öffentlich bestellt sind.

II. *Berufsstellung*

Freier Beruf (§ 1 II WPO). Bestellung nur bei Nachweis der persönlichen und fachlichen Eignung im staatlichen Zulassungs- und Prüfungsverfahren (§ 1 I 2 WPO). Berufliche Niederlassung (Berufssitz; § 3 I WPO) im In- oder Ausland; berufliche Leistungen auch im Ausland möglich, sofern Recht des Gastlandes nicht entgegensteht. Zweigniederlassungen im In- und Ausland, fachliche Leitung durch einen ortsansässigen Wirtschaftsprüfer erforderlich (§§ 3 III, 43a, 47 WPO). Beruf kann sowohl selbstständig als auch im Anstellungsverhältnis ausgeübt werden. Im beruflichen Verkehr ist die gesetzlich geschützte Bezeichnung „Wirtschaftsprüfer" zu führen; akademische Grade, Titel und Zusätze, die auf eine staatliche Graduierung hinweisen, daneben möglich (§ 18 WPO).

III. *Aufgaben und Tätigkeiten*

Gemäß § 2 WPO haben Wirtschaftsprüfer die berufliche Aufgabe, betriebswirtschaftliche *Prüfungen,* vor allem Jahresabschlussprüfungen wirtschaftlicher Unternehmen durchzuführen und Bestätigungsvermerke über deren Vornahme und Ergebnis zu erteilen. Außerdem sind sie befugt, ihre Auftraggeber in steuerlichen Angelegenheiten nach Maßgabe der bestehenden Vorschriften zu beraten und zu vertreten, unter Berufung auf ihren Berufseid auf den Gebieten der wirtschaftlichen Betriebsführung als Sachverständige aufzutreten, in wirtschaftlichen Angelegenheiten zu beraten und fremde Interessen zu wahren sowie zur treuhänderischen Verwaltung. Zusätzlich sind mit dem Beruf des Wirtschaftsprüfers nach § 43a IV WPO weitere Tätigkeiten vereinbar, wie z. B. freie Berufsausübung auf dem Gebiet der Technik und des Rechtswesens, Tätigkeit an wissenschaftlichen Instituten und lehrende Tätigkeit an Hochschulen, freie schriftstellerische und künstlerische Tätigkeit und freie Vertragstätigkeit.

IV. *Pflichten*

1. *Beachtung der* Berufsgrundsätze für Wirtschaftsprüfer (Grundsätze der Ausübung des Wirtschaftsprüfer-Berufs).

2. *Nichtausübung unvereinbarer Tätigkeiten:* Keine Tätigkeit, die die Einhaltung der Berufspflichten gefährden oder das Ansehen oder die Würde des Berufes verletzen kann (§ 43 II WPO). Keine gewerblichen Tätigkeiten; keine Tätigkeiten aufgrund eines berufsfremden Anstellungsvertrages mit wenigen Ausnahmen (§ 43a III WPO).

3. *Verhalten bei Bekanntmachung und Auftragsschutz:* Bei der Bekanntmachung seiner Tätigkeit und bei der Auftragsübernahme ist der Wirtschaftsprüfer zu berufswürdigem Verhalten verpflichtet; unlautere Werbung ist nicht gestattet (§ 52 WPO). Der Wirtschaftsprüfer darf in einer Sache, in der er oder eine Person oder eine Personengesellschaft, mit der er seinen Beruf gemeinsam ausübt, bereits tätig war, bei einem Auftraggeberwechsel nur tätig werden, wenn sowohl der bisherige als auch der neue Auftraggeber einverstanden sind (§ 53 WPO). Bei gleichzeitigem Tätigwerden soll eine Zusammenarbeit angestrebt werden.

4. *Siegelführung:* Wirtschaftsprüfer sind nach § 48 I WPO verpflichtet, ein Siegel zu benutzen, wenn sie in ihrer Berufseigenschaft aufgrund gesetzlicher Vorschriften Erklärungen abgeben. Sie können ein Siegel führen, wenn sie in ihrer Berufseigenschaft Erklärungen über Prüfungsergebnisse abgeben oder Gutachten erstatten.

5. *Teilnahme an der externen Qualitätskontrolle* (§ 57a WPO): Wirtschaftsprüfer, die gesetzlich vorgeschriebene Abschlussprüfungen durchführen, müssen sich alle drei Jahre einer Qualitätskontrolle unterziehen. Durch das Inkrafttreten des Berufsaufsichtsreformgesetzes (BARefG) am 6.9.2007 wurde dieser Zyklus für Wirtschaftsprüfer, die keine Abschlussprüfungen von Unternehmen des öffentlichen Interesses im Sinne des § 319a HGB durchführen, auf sechs Jahre verlängert.

6. *Sonstige Pflichten:*

(1) Der Wirtschaftsprüfer muss seine Tätigkeit versagen, wenn sie für eine pflichtwidrige Handlung in Anspruch genommen werden soll oder wenn die Besorgnis der Befangenheit bei der Durchführung eines Auftrages besteht (§ 49 WPO).

(2) Will ein Wirtschaftsprüfer einen Auftrag nicht annehmen, so hat er dies unverzüglich zu erklären. Bei schuldhafter Verzögerung ist er schadensersatzpflichtig (§ 51 WPO).

(3) Selbstständige Wirtschaftsprüfer und Wirtschaftsprüfungsgesellschaften sind verpflichtet, sich gegen Haftpflichtgefahren zu versichern, die sich aus ihrer Tätigkeit ergeben (§ 54 I WPO).

V. *Voraussetzungen für Bestellung*

Öffentliche Bestellung des Wirtschaftsprüfers auf Antrag nach bestandenem Fachexamen. Zulassung zur Prüfung bei Nachweis der fachlichen und persönlichen Eignung. Zulassungs- und Prüfungsverfahren sind in der WPO und der Prüfungsordnung für Wirtschaftsprüfer (PrüfO WP) geregelt. Für das Normalexamen gibt es allgemeine Vorschriften; außerdem ist der Zugang zum Wirtschaftsprüfer-Beruf für Sonderfälle geregelt (erleichterter Zugang) für bestimmte Bewerber mit Steuerberater- bzw. Rechtsanwalt-Qualifikationen und besonderer Eignungsprüfung für Angehörige vergleichbarer Prüferberufe aus anderen EU- und EWR-Staaten.

1. *Allgemeine Zulassungs- und Prüfungsvorschriften (bisher):*

a) *Antragstellung:* Über Zulassung zur Prüfung entscheidet die „Prüfungsstelle für das Wirtschaftsprüferexamen bei der Wirtschaftsprüferkammer" (Prüfungsstelle; § 5 WPO). Schriftlicher Antrag auf Zulassung zur Prüfung an die Prüfungsstelle (§ 7 WPO).

b) *Fachliche Zulassungsvoraussetzungen:*

(1) *Vorbildung* (§ 8 WPO): Voraussetzung ist die abgeschlossene Hochschulausbildung; hierauf kann bei langjähriger Praxiserfahrung verzichtet werden. Voraussetzung ist eine mindestens zehnjährige Tätigkeit als

Mitarbeiter eines Wirtschaftsprüfers, einer Wirtschaftsprüfungsgesellschaft, eines vereidigten Buchprüfers, einer Buchprüfungsgesellschaft, eines genossenschaftlichen Prüfungsverbandes, der Prüfungsstelle eines Sparkassen- und Giroverbandes oder einer überörtlichen Prüfungseinrichtung für Körperschaften und Anstalten des öffentlichen Rechts. Außerdem kann eine nicht vorhandene Hochschulausbildung ersetzt werden durch eine mindestens fünfjährige Tätigkeit als vereidigter Buchprüfer oder Steuerberater. Seit Inkrafttreten der Fünften WPO-Novelle besteht zudem die Möglichkeit der Anerkennung berufsspezifischer Ausbildungsgänge (§ 8a WPO).

(2) *Praktische Zulassungsvoraussetzungen (§ 9 WPO):* Die Zulassung setzt voraus, dass der Bewerber eine hinreichende praktische Ausbildung erhalten hat. Wenigstens drei Jahre Prüfungstätigkeit sind bei einer Hochschulsemesterzahl von mindestens acht Semestern nachzuweisen; vier Jahre bei einer Hochschulsemesterzahl von weniger als acht Semestern (§ 9 I WPO). Von der gesamten Tätigkeit hat der Bewerber wenigstens zwei Jahre an (besonderen gesetzlich vorgeschriebenen) Abschlussprüfungen teilzunehmen und bei der Abfassung der Prüfungsberichte mitzuwirken.

Die Prüfungstätigkeit ist von Mitarbeitern ohne Hochschulausbildung und mit mindestens zehnjähriger Praxis nach dem fünften Jahr der Mitarbeit abzuleisten. Bewerber, die mindestens fünf Jahre als vereidigte Buchprüfer oder als Steuerberater tätig sind, haben die Prüfungstätigkeit während dieser Zeit oder in ihrer für die Zulassung erforderlichen dreijährigen Praxiszeit abzuleisten.

Das Erfordernis der Prüfungstätigkeit ist von allen Bewerbern erfüllt, wenn sie in fremden Unternehmen materielle Buch- und Bilanzprüfungen nach betriebswirtschaftlichen Grundsätzen durchgeführt haben (§ 9 II WPO).

Die Prüfungstätigkeit muss in Mitarbeit bei Berufsangehörigen, einer Wirtschaftsprüfungsgesellschaft, bei vereidigten Buchprüfern, einer Buchprüfungsgesellschaft, einem genossenschaftlichen Prüfungsverband, einer Prüfungsstelle eines Sparkassen- und Giroverbandes oder einer überörtlichen Prüfungseinrichtung für Körperschaften und Anstalten des öffentlichen Rechts, in denen ein Berufsangehöriger tätig ist, ausgeübt worden sein (§ 9 III WPO). Der Nachweis der Prüfungstätigkeit entfällt für Bewerber, die seit mindestens 15 Jahren den Beruf als Steuerberater oder vereidigter Buchprüfer ausgeübt haben; bis zu zehn Jahre kann eine Tätigkeit als Steuerbevollmächtigter angerechnet werden (§ 9 IV WPO).

Eine Revisionstätigkeit sowie weitere fachlich relevante Betätigungen können gemäß § 9 V WPO bis zu einem Jahr auf die Prüfungstätigkeit angerechnet werden.

Innerhalb anerkannter berufsspezifischer Ausbildungsgänge (§ 8a WPO) erbrachte berufspraktische Tätigkeiten können bis zu einer Höchstdauer von einem Jahr angerechnet werden (§ 9 VI WPO).

c) *Prüfung:* Vor der Prüfungskommission abzulegende Prüfung mit schriftlichem und mündlichem Teil (§ 12 WPO). Steuerberater und Bewerber, die die Prüfung als Steuerberater bestanden haben, benötigen keine Prüfung im Steuerrecht (§ 13 WPO). Für vereidigte Buchprüfer Prüfung in verkürzter Form. Vereidigte Buchprüfer, die Steuerberater sind, benötigen keine Prüfung im Steuerrecht und in Angewandter Betriebswirtschaftslehre und Volkswirtschaftslehre; vereidigte Buchprüfer, die Rechtsanwälte sind, benötigen keine Prüfung im Wirtschaftsrecht und in Angewandter Betriebswirtschaftslehre und Volkswirtschaftslehre (§ 13a WPO).

Prüfungsleistungen, die im Rahmen einer Hochschulausbildung erbracht werden, sind anzurechnen, wenn ihre Gleichwertigkeit in Inhalt, Form und Umfang mit den in § 4 PrüfO Wirtschaftsprüfer aufgeführten Anforderungen der Prüfungsgebiete Angewandte Betriebswirtschaftslehre, Volkswirtschaftslehre oder Wirtschaftsrecht im Zulassungsverfahren durch die Prüfungsstelle festgestellt wird (§ 13b WPO).

2. *Zugang zum Wirtschaftsprüfer-Beruf in Sonderfällen:* Erleichterungen für Angehörige vergleichbarer Berufe aus den Mitgliedsstaaten der EU und des EWR (§§ 131g ff. WPO) resultieren aus der Umsetzung der Hochschuldiplomrichtlinie, die auch die wechselseitige Anerkennung

entsprechender Berufsqualifikationen vorsieht. Bei Vorlage eines Diploms eines Staatsangehörigen eines Mitgliedsstaats der EU und des EWR, aus dem hervorgeht, dass der Inhaber über die notwendigen beruflichen Voraussetzungen für die unmittelbare Zulassung zur Pflichtprüfung von Jahresabschlüssen und anderer Rechnungsunterlagen in dem Mitgliedsstaat verfügt, kann er nach Bestehen einer Eignungsprüfung als Wirtschaftsprüfer bestellt werden. Eignungsprüfung ist in erster Linie Rechtsprüfung, beinhaltet z. B. Rechnungslegungsvorschriften des HGB, steuer- und wirtschaftsrechtliche Vorschriften und Berufsrecht (§ 131h III WPO). Zulassungsentscheidung durch die Prüfungsstelle (§ 131g III WPO).

VI. *Bestellung*

Nach bestandener Prüfung wird der Bewerber auf Antrag durch Aushändigung einer von der Wirtschaftsprüferkammer (WPK) ausgestellten Urkunde als Wirtschaftsprüfer bestellt (§ 15 WPO). Bestellung *muss versagt* werden, wenn

(1) in der Person des Bewerbers Gründe eingetreten sind, aus denen seine Zulassung zur Prüfung hätte versagt werden müssen;

(2) die vorläufige Deckungszusage auf den Antrag zum Abschluss einer Berufshaftpflichtversicherung nicht vorliegt.

Ausnahme: Ausschließliche Anstellung nach § 43a I WPO.

(3) Wenn eine mit dem Wirtschaftsprüferberuf unvereinbare Tätigkeit ausgeübt wird;

(4) wenn sich der Bewerber oder die Bewerberin eines Verhaltens schuldig gemacht hat, das die Ausschließung aus dem Beruf rechtfertigen würde;

(5) wenn der Bewerber oder die Bewerberin aus gesundheitlichen oder anderen Gründen nicht nur vorübergehend nicht in der Lage ist, den Beruf ordnungsgemäß auszuüben;

(6) wenn sich der Bewerber oder die Bewerberin in nicht geordneten wirtschaftlichen Verhältnissen, insbesondere in Vermögensverfall befindet;

(7) unmittelbar nach der Bestellung keine berufliche Niederlassung zum Berufsregister angegeben wird.

Bestellung *kann versagt* werden, wenn das Verhalten des Bewerbers die Besorgnis begründet, den Berufspflichten als Wirtschaftsprüfer nicht zu genügen (§ 16 II WPO). Vor Aushändigung der Urkunde hat der Bewerber einen Berufseid zu leisten. Bestellung *erlischt* durch Tod, Verzicht oder rechtskräftige Ausschließung aus dem Beruf (§ 19 WPO). Bestellung muss nach § 20 I WPO *zurückgenommen* werden, wenn nachträgliche Tatsachen bekannt werden, bei deren Kenntnis die Bestellung hätte versagt werden müssen. Bestellung muss nach § 20 II WPO *widerrufen* werden, wenn die Tätigkeit nicht eigenverantwortlich ausgeübt wird oder eine mit dem Wirtschaftsprüferberuf unvereinbare Tätigkeit ausgeübt wird, die Fähigkeit der Bekleidung öffentlicher Ämter nicht mehr gegeben ist, die ordnungsgemäße Berufsausübung aus gesundheitlichen Gründen dauerhaft nicht möglich ist, die vorgeschriebene Haftpflichtversicherung nicht unterhalten wird oder diese innerhalb der letzten fünf Jahre wiederholt mit nennenswerter Dauer nicht aufrecht erhalten wurde und diese Unterlassung auch zukünftig zu befürchten ist, ferner bei ungeordneten wirtschaftlichen Verhältnissen oder wenn eine berufliche Niederlassung (§ 3 I WPO) nicht unterhalten wird.

Wiederbestellung eines ehemaligen Wirtschaftsprüfers ist möglich (§ 23 WPO).

VII. *Berufsorganisation*

Wirtschaftsprüferkammer, deren Vorstand auch die Berufsaufsicht obliegt.

VIII. *Berufsgerichtsbarkeit*

1. *Pflichtverletzung* (§§ 67–71 WPO): Gegen einen Wirtschaftsprüfer, der seine Pflichten schuldhaft verletzt, wird eine berufsgerichtliche Maßnahme verhängt. Zu diesen zählen Geldbußen bis zu 500.000 Euro, Verbot, auf bestimmten Tätigkeitsgebieten für die Dauer von einem Jahr bis zu fünf Jahren tätig zu werden, Berufsverbot von einem Jahr bis zu fünf

Jahren und Ausschließung aus dem Beruf. Die Verfolgung einer Pflichtverletzung, die keine schwerere berufsgerichtliche Strafe als Warnung, Verweis oder Geldbuße bis 500.000 Euro gerechtfertigt hätte, verjährt nach fünf Jahren. Ein wegen desselben Sachverhalts eingeleitetes Strafverfahren hemmt den Ablauf der Verjährungsfrist.

2. *Berufsgerichte (§§ 72–80 WPO):*

a) Im ersten Rechtszug entscheidet eine Kammer beim LG Berlin (Kammer für Wirtschaftsprüfersachen) außerhalb der Hauptverhandlung in der Besetzung von drei Mitgliedern; in der Hauptverhandlung mit dem Vorsitzenden und zwei Wirtschaftsprüfern als Beisitzer.

b) Im zweiten Rechtszug entscheidet ein Senat beim Kammergericht Berlin (Senat für Wirtschaftsprüfersachen) außerhalb der Hauptverhandlung in der Besetzung von drei Mitgliedern; in der Hauptverhandlung wirken außerdem als Beisitzer zwei Wirtschaftsprüfer mit.

c) Im dritten Rechtszug entscheidet ein Senat des Bundesgerichtshofs (Senat für Wirtschaftsprüfersachen), der sich aus einem Vorsitzenden, zwei Mitgliedern des Bundesgerichtshofs und zwei Wirtschaftsprüfern als Beisitzer zusammensetzt.

Das Amt eines *Beisitzers* aus den Reihen der Wirtschaftsprüfer ist ein *Ehrenamt*. Die ehrenamtlichen Beisitzer werden für die Gerichte des ersten und zweiten Rechtszuges von der Landesjustizverwaltung, für den Bundesgerichtshof vom Bundesminister der Justiz für fünf Jahre berufen; Berufung erfolgt aufgrund von Vorschlagslisten, die der Vorstand der Wirtschaftsprüferkammer einreicht (§ 75 WPO). Berufen werden kann nur ein Wirtschaftsprüfer, der in den Vorstand der Wirtschaftsprüferkammer gewählt werden kann. Ehrenamtliche Beisitzer dürfen nicht gleichzeitig dem Vorstand oder dem Beirat der Wirtschaftsprüferkammer angehören oder bei der Wirtschaftsprüferkammer im Haupt- oder Nebenberuf tätig sein. Recht zur Ablehnung unter bestimmten Voraussetzungen (§ 76 WPO).

3. *Verfahren:* Der Strafprozessordnung nachgebildet, aber kein Vorrang des strafgerichtlichen Verfahrens gegenüber dem berufsgerichtlichen Verfahren. Der Beschuldigte darf zur Durchführung weder vorläufig festgenommen noch verhaftet oder vorgeführt werden; er kann nicht zur Vorbereitung eines Gutachtens über seinen psychischen Zustand in ein psychiatrisches Krankenhaus gebracht werden (§ 82 WPO). Verteidiger in berufsgerichtlichen Verfahren vor dem Landgericht und vor dem Oberlandesgericht können auch Wirtschaftsprüfer sein (§ 82a WPO). Der Vorstand der Wirtschaftsprüferkammer, von ihm beauftragte Personen sowie Berufsangehörige, die einer Verletzung ihrer Pflichten beschuldigt werden, haben das Recht auf Akteneinsicht (§ 82b WPO). Für die Entscheidung im berufsgerichtlichen Verfahren sind die tatsächlichen Feststellungen des Urteils im Straf- oder Bußgeldverfahren bindend (§ 83 WPO). Die Aussetzung des berufsgerichtlichen Verfahrens ist unter bestimmten Voraussetzungen zulässig (§ 83b WPO), ebenso die Wiederaufnahme eines bereits rechtskräftig abgeschlossenen Verfahrens (§ 83c WPO). Die Aufgaben der Staatsanwaltschaft werden von der Staatsanwaltschaft beim Kammergericht Berlin wahrgenommen (§ 84 WPO). Die Wirtschaftsprüferkammer, Gerichte oder Behörden sind verpflichtet, berufs- bzw. strafrechtliche Pflichtverletzungen der zuständigen Staatsanwaltschaft mitzuteilen. Erhält die Staatsanwaltschaft Kenntnis von möglicherweise schuldhaften berufsrechtlichen Pflichtverletzungen eines Mitglieds der Wirtschaftsprüferkammer, teilt sie dies der Wirtschaftsprüferkammer mit und gibt ihr vor Einleitung eines berufsgerichtlichen Verfahrens Gelegenheit zur Stellungnahme (§ 84a WPO).

Einleitung des Verfahrens dadurch, dass die Staatsanwaltschaft beim LG Berlin eine Anschuldigungsschrift einreicht (§ 85 WPO). Das der Berufsgerichtsbarkeit unterliegende Mitglied der Wirtschaftsprüferkammer kann sich vom Verdacht einer Pflichtverletzung befreien, indem es bei der Staatsanwaltschaft beantragt, das berufsgerichtliche Verfahren gegen sich einzuleiten (§ 87 WPO).

Das Gericht entscheidet aufgrund der Anschuldigungsschrift, ob ein *Hauptverfahren* zu eröffnen ist; dieses ist nicht öffentlich. Auf Antrag der Staatsanwaltschaft *kann* bzw. auf Antrag der betroffenen Berufsangehörigen *muss* die Öffentlichkeit hergestellt werden (§ 99 WPO). Hauptverhandlung schließt mit der auf die Beratung folgenden Verkündigung des *Urteils*, das auf Freisprechung, Verurteilung oder Einstellung des Verfahrens (§ 103 WPO) lautet.

4. *Rechtsmittel (§§ 104–108 WPO):*

a) Gegen das Urteil der Kammer für Wirtschaftsprüfersachen Berufung an den Senat für Wirtschaftsprüfersachen binnen einer Woche nach Verkündigung des Urteils (§ 105 WPO).

b) Gegen ein Urteil des Senats für Wirtschaftsprüfersachen beim Oberlandesgericht Revision an den Bundesgerichtshof, unter anderem wenn das Urteil auf Ausschließung aus dem Beruf lautet oder wenn der Senat für Wirtschaftsprüfersachen die Revision im Urteil zugelassen hat (§ 107 WPO).

5. *Berufsverbot:* Sind dringende Gründe für die Annahme vorhanden, dass gegen den Wirtschaftsprüfer auf Ausschließung aus dem Beruf erkannt werden wird, so kann gegen ihn durch Beschluss ein vorläufiges Berufsverbot verhängt werden (§ 111 WPO). Handelt der Wirtschaftsprüfer diesem Verbot wissentlich zuwider, wird er grundsätzlich mit der Ausschließung aus dem Beruf bestraft (§ 117 WPO).

Wirtschaftsprüferkammer (WPK)

1. Institution der *beruflichen Selbstverwaltung* gemäß Gesetz über eine Berufsordnung der Wirtschaftsprüfer, Wirtschaftsprüferordnung (WPO). Die Wirtschaftsprüferkammer ist eine Körperschaft des öffentlichen Rechts (§ 4 WPO); Sitz in Berlin.

2. *Mitgliedschaft:* Pflichtmitglieder sind gemäß § 58 I 1 WPO die bestellten bzw. anerkannten Wirtschaftsprüfer, die Mitglieder des Vorstandes von Wirtschaftsprüfungsgesellschaften, nach dem Partnerschaftsgesellschaftsgesetz verbundene Personen, Geschäftsführer oder

vertretungsberechtigte persönlich haftende Gesellschafter von Wirtschaftsprüfungsgesellschaften, die nicht Wirtschaftsprüfer sind, sowie die anerkannten Wirtschaftsprüfungsgesellschaften; außerdem gemäß § 128 III WPO vereidigte Buchprüfer und Buchprüfungsgesellschaften.

Freiwillige Mitgliedschaft können gemäß § 58 II WPO die genossenschaftlichen Prüfungsverbände, die Sparkassen und Giroverbände für ihre Prüfungsstellen (Prüfungsstellen der Sparkassen- und Giroverbände) sowie die überörtlichen Prüfungseinrichtungen für öffentliche Körperschaften erwerben.

3. Organe (§ 59 WPO):

(1) *Wirtschaftsprüferversammlung:* Versammlung der Mitglieder der Wirtschaftsprüferkammer.

(2) *Beirat:* Berufsgruppe der Wirtschaftsprüfer und Wirtschaftsprüfungsgesellschaften wählt Mitglieder aus ihrer Gruppe. Gruppe der anderen stimmberechtigten Mitglieder wählt ihre Vertreter. Zahlenmäßige Vertretung ergibt sich aus § 59 III WPO und der Organisationssatzung der Wirtschaftsprüferkammer. Gruppe der Wirtschaftsprüfer und Wirtschaftsprüfungsgesellschaften muss Mehrzahl der Beiratssitze haben.

(3) *Vorstand:* Wird aus der Mitte des Beirats gewählt. Eines der Vorstandsmitglieder ist *Präsident* der Wirtschaftsprüferkammer.

(4) *Kommission für Qualitätskontrolle:* Die berufsangehörigen Mitglieder werden durch den Beirat der Wirtschaftsprüferkammer auf Vorschlag des Vorstandes der Wirtschaftsprüferkammer gewählt (externe Qualitätskontrolle).

4. *Aufsicht:* Rechtsaufsicht durch Bundesministerium für Wirtschaft und Technologie (§ 66 WPO); es wacht darüber, dass die Wirtschaftsprüferkammer ihre Aufgaben im Rahmen der geltenden Gesetze und Satzungen erfüllt.

Fachaufsicht durch die Abschlussprüferaufsichtskommission.

5. *Aufgaben:* Die Wirtschaftsprüferkammer hat gemäß § 57 WPO die Aufgabe, die beruflichen Belange der Gesamtheit ihrer Mitglieder zu wahren und die Erfüllung der beruflichen Pflichten zu überwachen; ihr obliegen vor allem die Beratung und Belehrung von Mitgliedern in Fragen der Berufspflichten; auf Antrag Vermittlung bei Streitigkeiten unter den Mitgliedern und zwischen den Mitgliedern und ihren Auftraggebern; Überwachung der Erfüllung der den Mitgliedern obliegenden Pflichten; Handhabung des Rügerechtes; Feststellung der allgemeinen Auffassung über Fragen der Ausübung des Berufes des Wirtschaftsprüfers und des vereidigten Buchprüfers in Richtlinien nach Anhörung der Arbeitsgemeinschaft für das wirtschaftliche Prüfungswesen; in allen die Gesamtheit der Mitglieder berührenden Angelegenheiten Verlautbarung der Auffassung der Wirtschaftsprüferkammer den zuständigen Gerichten, Behörden und Organisationen gegenüber; Erstattung von durch Gerichte, Behörden oder Parlamente angeforderten Gutachten; Wahrnehmung der durch Gesetz zugewiesenen Aufgaben im Bereich der Berufsbildung; Vorschlag der berufsständischen Mitglieder der Zulassungs- und Prüfungsausschüsse; Förderung der beruflichen Fortbildung der Mitglieder und der Ausbildung des Berufsnachwuchses; Einreichung der Vorschlagsliste der ehrenamtlichen Beisitzer bei den Berufsgerichten bei Landesjustizverwaltungen und beim Bundesminister der Justiz; Führung des Berufsregisters; Schaffung von Fürsorgeeinrichtungen für Wirtschaftsprüfer, vereidigte Buchprüfer sowie deren Hinterbliebene; Durchführung des Qualitätskontrollverfahrens (externe Qualitätskontrolle); Bestellung von Wirtschaftsprüfern und vereidigten Buchprüfern; Anerkennung von Wirtschaftsprüfungsgesellschaften; Zurücknahme oder Widerruf von Bestellungen oder Anerkennungen; Einrichtung und Unterhaltung einer selbstständigen Prüfungsstelle; Wahrnehmung der ihr als Bundesberufskammer gesetzlich eingeräumten Befugnisse im Rahmen der Geldwäschebekämpfung. Außerdem hat die Wirtschaftsprüferkammer Aufgaben im Rahmen der Arbeitsgemeinschaft für das wirtschaftliche Prüfungswesen. Bestimmte Aufgaben kann die Wirtschaftsprüferkammer einzelnen Mitgliedern oder Abteilungen des Vorstandes (§ 59a WPO) übertragen (§ 57 V WPO).

Die Wirtschaftsprüferkammer ist Mitglied der International Federation of Accountants (IFAC).

In Mitteilungen informiert die Wirtschaftsprüferkammer über den Stand der einschlägigen Gesetzgebung, Verlautbarungen des Vorstandes, berufsständische Hinweise, Rechtsprechung zu berufsständischen Fragen und zu Honorar- und Haftungsfragen.

6. *Pflichten der Mitglieder:* Beachtung der von den Organen der Wirtschaftsprüferkammer gefassten Beschlüsse; für persönlich stimmberechtigte Mitglieder besteht die Pflicht, Ehrenämter zu übernehmen. Beiträge regelt eine vom Beirat beschlossene und vom Bundesministerium für Wirtschaft und Arbeit genehmigte Beitragsordnung (§ 61 I WPO).

Wirtschaftsprüferordnung (WPO)

Gebräuchliche Kurzbezeichnung für das Gesetz über eine Berufsordnung der Wirtschaftsprüfer i. d. F. vom 5.11.1975 (BGBl. I 2803) m. spät. Änd. Geschlossene berufsgesetzliche Regelung des wirtschaftsprüfenden Berufs (Wirtschaftsprüfer, Wirtschaftsprüfungsgesellschaften, vereidigte Buchprüfer, Buchprüfungsgesellschaften). Besonders wurde durch die Wirtschaftsprüferordnung die Selbstverwaltung auf den Berufsstand im Rahmen der Wirtschaftsprüferkammer (WPK) übertragen und eine Berufsgerichtsbarkeit mit drei Instanzen bei den ordentlichen Gerichten (Kammer für Wirtschaftsprüfersachen beim Landgericht, Senat für Wirtschaftsprüfersachen beim Oberlandesgericht, Senat für Wirtschaftsprüfersachen beim Bundesgerichtshof) unter Beteiligung von berufsangehörigen Beisitzern eingeführt. Außerdem regelt die Wirtschaftsprüferordnung die Zulassungs-, Prüfungs- und Bestellungsverfahren.

Wirtschaftsprüfung

I. *Begriff*

In der Literatur zum betriebswirtschaftlichen Prüfungswesen unterschiedlich gesehen. Unter *institutionellen* Gesichtspunkten ist der gesamte Tätigkeitsbereich des Wirtschaftsprüfers, der keineswegs auf Prüfungen beschränkt ist, als Wirtschaftsprüfung zu betrachten. *Funktional* gesehen umfasst Wirtschaftsprüfung alle Prüfungen (und nur diese) im wirtschaftlichen Bereich. Diese Sichtweise lässt sich weiter einengen, wenn nur dann von Wirtschaftsprüfung gesprochen wird, wenn der Prüfer mit der Unternehmung nicht durch einen Arbeitsvertrag verbunden (also extern) ist; andere betriebswirtschaftliche Prüfungsaufgaben fallen danach der internen Revision zu. Diese *enge Vorstellung* wird hier zugrunde gelegt. Wirtschaftsprüfung ist danach gekennzeichnet durch Prüfungen im prüfungstheoretischen Sinn, die von Personen ohne arbeitsvertragliche Bindungen an die Unternehmung, bei der die Prüfung durchzuführen ist, vorgenommen werden.

II. *Gründe für Wirtschaftsprüfung*

1. *Interessenkonflikte:* Sind „Sender" (z. B. Ersteller von Jahresabschlüssen = Geschäftsführung) und „Empfänger" (Informationsadressaten, z. B. Anteilseigner oder Gläubiger der Unternehmung) von Informationen (z. B. Jahresabschluss) nicht identisch, besteht die Gefahr von Informationsverzerrungen, weil die Interessen der Beteiligten divergieren können. Zur Beurteilung der Informationsqualität wird ein neutraler Dritter (Prüfer) beauftragt.

2. *Entscheidungskonsequenzen:* Prüfung wird erst sinnvoll, wenn Entscheidungen der Informationsempfänger beeinflusst werden.

3. *Ausgleich mangelnden Sachverstands:* Ist die Überprüfung der Informationsqualität durch den Empfänger wegen mangelnden Sachverstands schwierig oder unmöglich, kann das vertrauenswürdige Urteil eines sachverständigen Dritten notwendig werden.

Weitere Gründe: Räumliche Trennung von Informationsersteller und -empfänger, gesetzliche und andere institutionelle Barrieren, zeitliche Begrenzungen und weitere Kostenträchtigkeit selbst durchgeführter Prüfung.

III. *Grundlagen*

1. *Prüfungsaufträge:* Der Auftrag richtet sich an einen bestimmten Prüfer bzw. ein bestimmtes Prüfungsorgan; er muss den Prüfungsgegenstand

und die heranzuziehenden Normen spezifizieren. Rechtlich liegt ein Werkvertrag (§§ 631 ff. BGB) vor. Für freie Prüfungen sind Prüfungsaufträge die wichtigste Grundlage.

2. *Gesetze und Verordnungen:* Werden Prüfungspflichten für bestimmte Unternehmungen durch den Gesetz- bzw. Verordnungsgeber auferlegt, ist der Mindestinhalt dieser Prüfungen durch die betreffenden Vorschriften determiniert. Sind Prüfungsrechte bestimmter Personen oder Personenmehrheiten vorgesehen, ist Grundlage der Prüfung der Prüfungsauftrag, für den Gesetze und Verordnungen lediglich den Rahmen darstellen.

3. *Grundsätze ordnungsmäßiger Prüfung:* Ein System von Normen, mit dessen Hilfe die Ableitung vertrauenswürdiger Urteile gesichert werden soll. Diese Normen können prinzipiell induktiv (aus Berufsübung und Gewohnheitsrecht) oder deduktiv (durch logische Ableitung aus Zwecken) ermittelt werden; sie sind ergänzend zu den sonstigen Grundlagen der Wirtschaftsprüfung heranzuziehen.

IV. Arten

1. *Prüfungen, für die keine gesetzlichen Pflichten bestehen,* beziehen sich auf die verschiedensten Bereiche (Prüfung).

2. *Gesetzliche Pflichtprüfungen:*

a) *Periodisch wiederkehrende Prüfungen:* Besonders die Jahresabschlussprüfungen aufgrund allgemeiner gesetzlicher Bestimmungen (§ 316 HGB, § 6 PublG) und für Unternehmungen einzelner Branchen (besonders Depotprüfung nach dem Kreditwesengesetz) und einzelner Rechtsformen (z. B. weiterreichende Prüfungspflichten bei Genossenschaften, genossenschaftliche Pflichtprüfung).

b) Wichtige *aperiodisch wiederkehrende Pflichtprüfungen (Sonderprüfungen):*

(1) *Gründungsprüfung* nach §§ 33–35 AktG; sie muss nur dann durch einen Gründungsprüfer vorgenommen werden, wenn die Kriterien des § 33 II AktG vorliegen (ein Mitglied des Vorstands oder des Aufsichtsrats gehört zu den Gründern, Aktienübernahme bei Gründung für Rechnung eines Mitglieds des Vorstands oder des Aufsichtsrats, Ausbedingung eines

besonderen Vorteils oder einer Entschädigung oder Belohnung für die Gründung oder ihre Vorbereitung durch ein Mitglied des Vorstands oder des Aufsichtsrats, Gründung mit Sacheinlagen oder Sachübernahmen). Nach GenG ist eine Gründungsprüfung durch den Prüfungsverband vorgesehen (§ 11 II Nr. 3 GenG).

(2) *Allgemeine (aktienrechtliche) Sonderprüfung:* Prüfung von einzelnen Vorgängen bei der Gründung oder der Geschäftsführung; kann sich auch auf Maßnahmen der *Kapitalbeschaffung und -herabsetzung* erstrecken: Die Hauptversammlung kann mit einfacher Mehrheit einen Sonderprüfer bestellen (§§ 142–146 AktG).

(3) Prüfung der *Sacheinlagen bei Kapitalerhöhung* nach § 183 III AktG.

(4) Sonderprüfung wegen *unzulässiger Unterbewertung (§§ 258 f. AktG):* Sonderprüfer werden durch das Gericht auf Antrag bestellt, wenn die Voraussetzungen des § 258 I AktG erfüllt sind (nicht unwesentlich unterbewertete Posten in einem festgestellten Jahresabschluss oder Nichtvollständigkeit oder Nichtvorhandensein der vorgeschriebenen Angaben im Anhang und Nichtbeantwortung der Frage hierzu durch den Vorstand in der Hauptversammlung bei verlangter Aufnahme der Frage in die Niederschrift, mit Einschränkungen bei Kredit- und Finanzdienstleistungsinstituten).

(5) Sonderprüfung der geschäftlichen Beziehungen einer abhängigen Gesellschaft zu der *herrschenden Unternehmung* gemäß § 315 AktG, sofern die dort genannten Voraussetzungen vorliegen (Einschränkung oder Versagung des Bestätigungsvermerks des Abschlussprüfers zum Bericht über die Beziehungen zu verbundenen Unternehmen; Erklärung des Aufsichtsrats, dass Einwendungen gegen die Erklärung des Vorstands am Schluss des Berichts über die Beziehungen zu verbundenen Unternehmen zu erheben sind; Erklärung des Vorstands, dass die Gesellschaft durch bestimmte Rechtsgeschäfte oder Maßnahmen benachteiligt worden ist, ohne dass die Nachteile ausgeglichen worden sind).

(6) *Prüfung des Jahresabschlusses bei Abwicklung:* Gemäß § 270 II, III AktG muss eine Prüfung des Jahresabschlusses in der Regel auch bei Abwicklung einer aufgelösten Gesellschaft erfolgen.

(7) *Umwandlungsprüfung:* Bei Umwandlung gelten die jeweils einschlägigen Bestimmungen des Umwandlungsgesetzes, z. B. über Prüfung der Verschmelzung (§§ 9 ff. UmwG) oder bei Spaltungen (§ 125 UmwG).

(8) Prüfung der Schlussbilanz der übertragenden Gesellschaft bei *Verschmelzung* (§ 17 II 1, 2 UmwG): Prüfung ist Voraussetzung für die Eintragung der Verschmelzung durch das Registergericht.

Wirtschaftsprüfungsgesellschaft

1. *Begriff:* Prüfungsgesellschaft, die als Wirtschaftsprüfungsgesellschaft anerkannt ist (§ 1 III WPO).

2. *Rechtsform:* Nach § 27 WPO kann eine Wirtschaftsprüfungsgesellschaft AG, SE, KGaA, GmbH, OHG, KG oder Partnerschaftsgesellschaft sein. Bei der AG und der KGaA sind vinkulierte Namensaktien vorgeschrieben. Bei der GmbH muss das Stammkapital mindestens 25.000 Euro betragen. Die AG, KGaA und GmbH haben bei Antragstellung den Nachweis zu erbringen, dass der Wert der einzelnen Vermögensgegenstände abzüglich der Schulden mindestens dem gesetzlichen Mindestbetrag des Grund- oder Stammkapitals entspricht.

3. *Anerkennungsvoraussetzungen:* Nach § 28 I WPO müssen die Mehrheit der Mitglieder des Vorstands, die Geschäftsführer, die persönlich haftenden Gesellschafter oder Partner Wirtschaftsprüfer (WP) sein; mindestens einer dieser Personen muss seine berufliche Niederlassung (§ 3 I 2, 3 WPO) am Sitz der Gesellschaft haben. Auch vereidigte Buchprüfer, Steuerberater und Rechtsanwälte dürfen Vorstandsmitglieder, Geschäftsführer, persönlich haftende Gesellschafter oder Partner von Wirtschaftsprüfungsgesellschaften sein (§ 28 I 1 WPO). Die Wirtschaftsprüferkammer (WPK) kann genehmigen, dass auch besonders befähigte Kräfte anderer Fachrichtungen neben WP Vertreter von Wirtschaftsprüfungsgesellschaften werden. Die Zahl dieser Vorstandsmitglieder, Geschäftsführer,

persönlich haftender Gesellschafter oder Partner darf die Zahl der WP im Vorstand, unter den Geschäftsführern, unter den persönlich haftenden Gesellschaftern oder unter den Partnern nicht erreichen; bei nur zwei Vorstandsmitgliedern, Geschäftsführern, persönlich haftenden Gesellschaftern oder Partnern muss einer von ihnen WP sein (§ 28 I 3 WPO). Bei Vorliegen bestimmter Voraussetzungen kann genehmigt werden, dass auch sachverständige Personen, die im Ausland ermächtigt oder bestellt sind, neben WP Vorstandsmitglieder, Geschäftsführer, persönlich haftende Gesellschafter oder Partner von Wirtschaftsprüfungsgesellschaften werden. Weitere Voraussetzungen für die Anerkennung (§ 28 IV WPO): Gesellschafter müssen ausschließlich sein

(1) Wirtschaftsprüfer,

(2) Wirtschaftsprüfungsgesellschaft,

(3) vereidigte Buchprüfer,

(4) Steuerberater,

(5) Steuerbevollmächtigte,

(6) Rechtsanwälte,

(7) Personen, mit denen eine gemeinsame Berufsausübung nach § 44b II WPO zulässig ist oder

(8) Personen, deren Tätigkeit als Vorstandsmitglied, Geschäftsführer, Partner, persönlich haftender Gesellschafter genehmigt wurde. Zur Anerkennung ist es erforderlich, dass mindestens die Hälfte aller Gesellschafter in der Gesellschaft tätig sind.

Ausnahme: Gesellschafter, die WP und Wirtschaftsprüfungsgesellschaft sind. Die *Anteile* an der Wirtschaftsprüfungsgesellschaft dürfen nicht für Rechnung eines Dritten gehalten werden. Bei Kapitalgesellschaften, Kommanditgesellschaften und Kommanditgesellschaften auf Aktien darf den nicht in der Gesellschaft tätigen Gesellschaftern nur eine Beteiligung von weniger als ein Viertel der Anteile am Nennkapital oder der im Handelsregister eingetragenen Einlagen der Kommanditisten gehören (einfache

Minderheitenbeteiligung); dies gilt nicht für Gesellschafter, die WP und Wirtschaftsprüfungsgesellschafter sind. Bei der KG muss die Mehrheit der Anteile einem WP oder einer Wirtschaftsprüfungsgesellschaft gehören. Der WP oder die Wirtschaftsprüfungsgesellschaft muss zusammen die Mehrheit der Stimmrechte der Aktionäre, Kommanditaktionäre, Gesellschafter einer GmbH oder Kommanditisten zustehen. Im Gesellschaftsvertrag muss bestimmt sein, dass zur Ausübung von Gesellschafterrechten nur Gesellschafter bevollmächtigt werden können, die WP sind. Diese Voraussetzungen gelten analog für in anderen EU-Mitgliedsstaaten zugelassene Prüfungsgesellschaften.

4. *Anerkennungsverfahren:* Die Wirtschaftsprüferkammer ist für die Anerkennung als Wirtschaftsprüfungsgesellschaft zuständig (§ 29 I WPO). Antrag mit Ausfertigung des Gesellschaftsvertrages oder dessen öffentlich beglaubigter Abschrift oder der Satzung sowie Nachweise zum Vorliegen der Anerkennungsvoraussetzungen (§ 29 II WPO). Änderungen des Gesellschaftsvertrages, der Satzung oder der Person des gesetzlichen Vertreters sind der Wirtschaftsprüferkammer unverzüglich anzuzeigen (§ 30 WPO). Über die Anerkennung wird eine Urkunde ausgestellt (§ 29 III WPO).

5. *Firmierung:* Die anerkannte Gesellschaft ist verpflichtet, die Bezeichnung „Wirtschaftsprüfungsgesellschaft" in die Firma oder den Namen aufzunehmen (§ 31 Satz 1 WPO); bei einer Partnerschaftsgesellschaft müssen in den Namen nicht zusätzlich die Berufsbezeichnungen aller Partner aufgenommen werden.

6. *Beendigung der Anerkennung:* Anerkennung als Wirtschaftsprüfungsgesellschaft *erlischt* durch Auflösung oder Verzicht (§ 33 WPO).

Die Anerkennung kann *zurückgenommen* oder *widerrufen* werden:

(1) Wenn für die Person eines Vorstandsmitgliedes, Geschäftsführers etc. die Bestellung als WP zurückgenommen oder widerrufen wird, es sei denn, dass jede Vertretungs- und Geschäftsführungsbefugnis dieser Person unverzüglich widerrufen oder entzogen ist;

(2) wenn sich nach der Anerkennung ergibt, dass sie hätte versagt werden müssen, oder wenn die Voraussetzungen für die Gesellschaft nachträglich fortfallen, es sei denn, dass die Gesellschaft innerhalb einer bestimmten Frist den dem Gesetz entsprechenden Zustand herbeiführt;

(3) wenn ein Mitglied des Vorstandes, ein Geschäftsführer, ein persönlich haftender Gesellschafter oder ein Partner durch rechtskräftiges berufsgerichtliches Urteil aus dem Beruf ausgeschlossen wird;

(4) wenn die Wirtschaftsprüfungsgesellschaft in Vermögensverfall geraten ist, es sei denn, dass dadurch die Interessen der Auftraggeber oder anderer Personen nicht gefährdet sind (§ 34 WPO).

7. *Erteilung von Bestätigungsvermerken:* Bei Erteilung gesetzlich vorgeschriebener Bestätigungsvermerke durch Wirtschaftsprüfungsgesellschaften dürfen nur WP oder vereidigte Buchprüfer unterzeichnen (§ 32 WPO).

8. Die Wirtschaftsprüfungsgesellschaft ist *Mitglied* der Wirtschaftsprüferkammer, die ein Berufsregister für Wirtschaftsprüfungsgesellschaften führt.

9. *Rechte und Pflichten:* Es gelten die Regeln der Berufsausübung, die Vorschriften über allgemeine Berufspflichten, gemeinsame Berufsausübung, Versagung der Tätigkeit, Verschwiegenheitspflicht der Gehilfen, Ablehnung eines Auftrags, Verjährung, Handakten, Werbung, Wechsel des Auftraggebers und Vergütung (§§ 43, 43a III und IV, 44b, 49–53, 54a 55a, 55b WPO) wie für WP (§ 56 I WPO).

Wirtschaftsprüfungsmethoden

I. *Begriff und Normquellen*

Methoden sind nach weitverbreitetem Verständnis *planmäßige, folgerichtige Vorgehensweisen.* Planmäßige Vorgehensweisen im wirtschaftlichen Prüfungswesen richten sich nach den Eigenarten der jeweiligen Prüfung. Dabei ist das für die Prüfung des *Jahresabschlusses* folgerichtige Vorgehen von zentraler Bedeutung und Maßstab auch für sonstige Prüfungstätigkeit des Wirtschaftsprüfers. Die handelsrechtliche Pflichtprüfung des

Jahresabschlusses und des Lageberichts ist in Deutschland in den §§ 316 ff. HGB geregelt mit Bestimmungen unter anderem zu Prüfungspflicht und -gegenstand, Bestellung und Auswahl des Prüfers, dessen Rechte und Pflichten, zum Prüfungsbericht und zum Bestätigungsvermerk (Testat).

Weder das HGB noch die Wirtschaftsprüferordnung (WPO) enthalten spezielle Bestimmungen zum berufsüblichen und ordnungsmäßigen Vorgehen bei der Planung und Durchführung der Prüfung. Als konkrete Normen existieren vielmehr insbesondere die umfangreichen und - jedenfalls in den letzten Jahren - kontinuierlich aktualisierten internationalen Prüfungsstandards (International Standards on Auditing, ISA) des International Auditing and Assurance Standards Board (IAASB) der International Federation of Accountants (IFAC). Diese internationalen Prüfungsstandards sind - soweit sie in das EU-Recht übernommen worden sind - gemäß § 317 V HGB im deutschen Rechtsraum anzuwenden.

II. *Grundlegende Vorgehensweise bei der Jahresabschlussprüfung*

1. *Prüfungsphasen:* Eine Jahresabschlussprüfung ist durch folgende Vorgehensweisen charakterisiert, die hier nur skizzierbar sind. Eine einzelne Prüfung ist eingebettet in die Planung aller Aufträge der unterschiedlichen Mandanten eines Prüfungsunternehmens. Der Prüfer hat die Vorgehensweisen im Rahmen seiner Eigenverantwortlichkeit den jeweiligen Besonderheiten des Einzelfalles anzupassen. Arbeitsschritte wie auch einzelne Befunde sind detailliert zu dokumentieren, indem laufende Arbeitspapiere geführt werden und die Dauerakte fortgeschrieben wird. Diese Dokumentation ist auch eine Grundlage für das prüferische Urteil, das sich zusammenfassend im Bestätigungsvermerk (§ 322 HGB Bestätigungsvermerk) ausdrückt und im Prüfungsbericht (§ 321 HGB Prüfungsbericht) näher begründet wird. Viele Prüfungsfirmen entwickeln für ihre Mitarbeiter Formularwerke zur Dokumentation der Arbeitsergebnisse. Sie konkretisieren ferner durch firmeninterne Hinweise Prüfungsnormen für den generellen Firmengebrauch und füllen bestehende Normenlücken durch Eigenvorschläge aus.

Die *Ausgangsplanung* einer Jahresabschlussprüfung dient der orientierenden, gleichwohl kritischen Einordnung des Mandanten durch Sammlung und Analyse von prüfungsrelevanten Unternehmensinformationen über wirtschaftliche Rahmenbedingungen, Geschäftstätigkeit, das zur Fehlerverhütung und -entdeckung eingerichtete Kontrollsystem und über die Grundlagen des Rechnungswesens. Hinweise auf Quellen möglicher Unrichtigkeiten und Verstöße sind zu gewinnen; die gesamte Vorkenntnis des Prüfers über denkbare Quellen leitet bereits diese Phase.

Im Rahmen der *detaillierten Prüfprogrammentwicklung* wird der relevante Prüfungsstoff sachlich – z. B. aufgrund von Bilanzpositionen oder aufgrund von zueinander ähnlichen Geschäftsvorfällen – in Prüffeldergruppen und einzelne Prüffelder gegliedert. Prüffeldabhängig wird gefragt, welches die möglichen Fehlerkategorien, und – diese widerspiegelnd – welches die Prüfkategorien und die aus diesen folgenden einzelnen Prüfziele sind. In einer Bilanz vom Rechnungslegenden ausgewiesene „fertige Erzeugnisse und Waren" können z. B., anders als das Unternehmen dem Bilanzleser gegenüber durch den angegebenen Positionswert behauptet, tatsächlich nicht existent und/oder unrichtig bewertet sein. Insofern ist (unter anderem) das faktische Vorhandensein und die Bewertung der fertigen Erzeugnisse/Waren zu prüfen, wozu viele Einzelschritte/-aufgaben nach vorüberlegtem Plan auszuführen sind, typischerweise in mehreren oder vielen Arbeitsgängen. Geprüft wird also nicht in einer pauschalen und unsystematischen, sondern in einer intersubjektiv nachvollziehbaren Weise. In der Phase der Prüfprogrammentwicklung werden neben den Prüfungsinhalten auch die Prüfungsumfänge und die sachlichen und zeitlichen Abfolgen festgelegt; zudem werden Prüfer und Prüfungsgehilfen den Aufgaben zugewiesen.

Die Phase der Prüfprogrammentwicklung mündet in diejenige der *Programmausführung (-durchführung)*, in der – wie nachfolgend näher erläutert wird – Funktionsprüfungen des betrieblichen Kontrollsystems stattfinden und die Jahresabschlussergebnisse verifiziert werden.

2. *System- und Ergebnisprüfungen:* Insbesondere für die Phase der Prüfprogrammentwicklung und für die Phase der Programmausführung (-durchführung) sind *Systemprüfungen* (interne Kontrollsystemprüfungen, Verfahrensprüfungen) und *Ergebnisprüfungen* zu unterscheiden. *Ergebnisprüfungen* beurteilen die vom Unternehmen erzielten, jahresabschlussrelevanten Arbeitsergebnisse als solche. Die Prüfung kann sich auf Einzelsachverhalte (Einzelposten-/Einzelfallprüfung) oder auf Einzelsachverhalte zusammenfassende Gesamtergebnisse (Gruppen-/Aggregateprüfung) beziehen; so fasst z. B. ein Kontensaldo Anfangsbestand, Zugänge und Abgänge zusammen.

Aufgrund einer *Systemprüfung* beurteilt der Wirtschaftsprüfer, inwieweit der Mandant durch Einrichtung eines internen Kontrollsystems Eigenvorsorge getroffen hat, Fehler nicht entstehen zu lassen (Fehler zu verhüten) oder entstandene Fehler zu entdecken und folglich beseitigen zu lassen. Die Systemprüfung besteht aus der *Erfassungsprüfung* der betrieblichen Arbeitsabläufe und der für diese eingerichteten Kontrollen, deren kritische Beurteilung auf ihr Fehlerverhütungs- und Fehlerbeseitigungspotenzial (*Konzeptionsprüfung*) sowie der Nachprüfung, ob vorgeschriebene und geeignet erscheinende Kontrollen in praxi so „funktionieren", wie sie konzipiert wurden (*Funktionsprüfung*), beispielsweise ob sie in praxi tatsächlich befolgt wurden. Ein im Hinblick auf bestimmte Prüfziele als gut konzipiert und sodann auch als gut funktionierend beurteiltes Kontrollsystem spricht dafür, dass in den Bearbeitungsergebnissen nur wenige (Rest-)Fehler zu erwarten sind, gegebenenfalls Fehlerfreiheit denkbar ist. Bei Vorliegen eines derart beurteilten Kontrollsystems kann die zugehörige Ergebnisprüfung in der Regel nach Art und Umfang reduziert werden im Vergleich zu einem „mit Kontrollschwächen behaftet" beurteilten System; in Sonderfällen mag es einer Ergebnisprüfung nicht mehr bedürfen.

Funktionsprüfungen und Ergebnisprüfungen führen das Prüfprogramm aus. Erfassungs- und Konzeptionsprüfungen sind dagegen der Phase der Prüfprogrammentwicklung zuzuordnen; in dieser Phase werden auch unter dem Aspekt der Wirtschaftlichkeit der Prüfung die Weichen dafür gestellt, welches Gewicht nachfolgend jeweils Funktions- vs. Ergebnisprüfungen zukommen soll.

3. *Fehlerwesentlichkeit:* Primär in der Phase der Prüfprogrammentwicklung ist ferner zu konkretisieren, was wesentliche *(materielle) Fehler* des Abschlusses sind (Festlegung der *Materiality-Grenze(n)*). Dabei ist auf die Sicht von Jahresabschlussadressaten abzustellen, für die der Abschluss eine Entscheidungsgrundlage sein kann. Aus für den Jahresabschluss insgesamt geltenden Materiality-Überlegungen werden, sofern entscheidungsrelevant, Wesentlichkeitsgrenzen für kleinere Einheiten, etwa für Segmente des Jahresabschlusses, Prüffeldergruppen oder/und Prüffelder abgeleitet (*„Materiality-Allokation"*). Zu berücksichtigen ist bei Materiality-Überlegungen ferner, dass die Elemente vieler Prüffelder des Abschlusses nicht vollständig, sondern nur aufgrund von Auswahlen untersucht werden. Eine festgelegte Wesentlichkeitsgrenze darf deshalb nicht bereits durch den *unberichtigten* Wert der an den Auswahlelementen *konkret beobachteten Fehler* ausgeschöpft werden. Vielmehr ist zu berücksichtigen, dass generell auch in den *ungeprüften* Elementen Fehler vorhanden und folglich zu schätzen sind. Diese und andere Überlegungen führen dazu, dass insbesondere für Planungszwecke des Prüfers zusätzliche Betragsgrenzen („Performance materiality"; vgl. ISA 320.11, 320.A12) unterhalb der eigentlichen Materiality-Grenze(n) gezogen werden.

Durch die Bestimmung von Wesentlichkeitsgrenzen werden auch Bedingungen festgelegt, gemäß derer der Prüfer zum uneingeschränkten oder zum eingeschränkten Bestätigungsvermerk kommt oder zu dessen Versagung. Indes ist eine Einschränkung des Testats oder eine Versagung in praxi nicht oft zu beobachten, z. B. da es vom Prüfer zur Rückverweisung fehlerhafter Elemente/Prüffelder an den Mandanten kommt. Aufgrund dessen Korrekturen kann auch ein zunächst als nur eingeschränkt ordnungsmäßig, gegebenenfalls auch ein als nicht ordnungsmäßig zu beurteilender Abschluss vielfach vom Prüfer letztlich noch bestätigt werden.

Für die zuvor grundsätzlich unterschiedenen Phasen der Ausgangsplanung, Prüfprogrammentwicklung und Programmausführung gibt es kein strenges Nacheinander. Verschiedene Teile des gesamten Prüfungsstoffs können sich zu einem bestimmten Zeitpunkt in der Phase der Ausgangsplanung, andere in der Phase der Prüfprogrammentwicklung oder in der der Programmausführung befinden. Da das Vorgehen ergebnisgeleitet und „professionelle Skepsis" eine prüferische Grundhaltung ist, beeinflussen - insbesondere überraschend - auftretende Fehler und Kontrollschwächen das weitere Vorgehen. Z. B. wird es bei einer in der Funktionsprüfung unerwartet festgestellten Kontrollschwäche oder bei einer in der Ergebnisprüfung unerwartet auftretenden Fehlerart zu einer neu aufgerollten Prüfprogrammentwicklung kommen mit zusätzlichen nachfolgenden Funktions- und Ergebnisuntersuchungen.

4. Risikoidentifikation und Risikoschätzung: Ein weiteres wichtiges Merkmal des wirtschaftlichen Prüfungswesens ist die Unterscheidung von Risikoquellen sowie die Risikoschätzung. In einer gebräuchlichen Aufteilung werden das Ausgangsrisiko, das Kontrollrisiko und das Entdeckungsrisiko unterschieden. Das *Ausgangsrisiko* (die *Fehleranfälligkeit* oder das inhärente, innewohnende Risiko) ist das Risiko (die Wahrscheinlichkeit) für das Vorliegen eines wesentlichen Fehlers im Prüfungsstoff unter der Annahme, es gäbe kein internes Kontrollsystem. Wertvolle Vermögensgegenstände des Unternehmens von geringem Gewicht und geringer Größe unterliegen z. B. einem hohen Diebstahlrisiko; das Risiko, dass bei fehlenden Maßnahmen der Bestandssicherung Buchmengen überhöht sind, ist damit groß. Das *Kontrollrisiko* ist die Wahrscheinlichkeit, dass ein bestehender wesentlicher Fehler durch vorhandene Kontrollen, also durch das interne Kontrollsystem des Unternehmens, nicht verhütet oder entdeckt wird. Ausgangsrisiko und Kontrollrisiko zusammengenommen führen zum Risiko wesentlicher Fehler. Das *Entdeckungsrisiko* ist die Wahrscheinlichkeit, dass ein - gegebenenfalls ungeachtet der internen Kontrollen vorhandener - wesentlicher Fehler vom Prüfer in dessen Ergebnisprüfung übersehen wird.

Die drei Risiken zusammengenommen bestimmen das *Prüfungsrisiko* als das Risiko, dass ein wesentlicher Fehler entsteht und vom Kontrollsystem nicht beseitigt und vom Prüfer übersehen wird. Der Prüfer schätzt das innewohnende Risiko und - aufgrund seiner Kontrollsystemprüfung - das Kontrollrisiko und richtet die eigenen Prüfungshandlungen in der Ergebnisprüfung so aus, dass das nach seinem pflichtgemäßen Ermessen festgelegte akzeptable Prüfungsrisiko eingehalten wird. Die Zusammenhänge werden auch in auf Grundlagen der Wahrscheinlichkeitsrechnung aufbauenden Prüfungsrisikomodellen dargestellt; das „Zusammenspiel" der unterschiedenen Risiken kann folglich unter den Modellannahmen analysiert werden. Für die Prüfungspraxis besitzen die Modelle jedoch keinen generellen präskriptiven Charakter. Ohne selbst eine *konkrete* Handreichung für prüferisches Vorgehen zu geben, vermerkt ISA 200.A36 neutral, dass Prüfer verschiedene Wege gehen, die Schätzung des Risikos materieller Fehler zu bewerkstelligen, und einige Prüfer derartige Modelle bei ihrer Prüfungsplanung als nützlich erachten. Auch gibt es, obwohl in den ISA häufig mit Fachausdrücken aus der Wahrscheinlichkeitsrechnung argumentiert wird, keinen allgemeinen Konsens, in welcher Höhe das Prüfungsrisiko noch zu akzeptieren/wie die Höhe situationsabhängig abzuleiten ist.

Die Risiken sind detailliert zu schätzen, da ein wesentlicher Fehler bereits auf der Ebene der einzelnen Prüfkategorien vorliegen kann. Somit sind das Ausgangs- und das Kontrollrisiko bereits für diese Ebene zu schätzen. Entsprechend genau ist auch das prüferische Entdeckungsrisiko einzuschätzen. Letztlich besteht das Ziel, mit hinreichender Sicherheit zu bestätigen, dass der Jahresabschluss frei von wesentlichen Fehlern ist, also unter Berücksichtigung der im Prüfgut verbliebenen Fehler die Einhaltung der identifizierten Wesentlichkeitsgrenze(n) bejaht werden kann. Auch für die dabei vorzunehmenden Zusammenfassungen der Teilurteile des Prüfers, beginnend auf der Ebene der einzelnen Prüfkategorien bis hin zum gesamten Jahresabschluss, geben die ISA dem Prüfer keine *konkreten* Regeln oder Handreichungen.

III. *Prüfungshandlungen und Hilfsmittel der Jahresabschlussprüfung*

1. *Überblick über Vorgehensweisen:* Methoden der Wirtschaftsprüfung können auch in einem engeren Sinne als zuvor verstanden werden, nämlich

nur als die im wirtschaftlichen Prüfungswesen eingesetzten *Prüfungshandlungen(Prüfungstätigkeiten)*, einschließlich der dabei angewandten *Hilfsmittel*. Die möglichen Vorgehensweisen in diesem Sinne sind zahlreich und reichen von einfachen Handlungen, wie der Abstimmungsprüfung (Vergleich von Werten, die nach der Logik der doppelten Buchführung übereinstimmen müssen, auf deren Identität), hin zu komplexen, aus vielen Einzeltätigkeiten zusammengesetzten Vorgehensweisen. Manche Tätigkeiten sind miteinander kombinierbar; sie haben teils einen besonderen Bezug zum Rechnungswesen, teils sind sie auch außerhalb des wirtschaftlichen Prüfungswesens üblich, wie die rechnerische Prüfung (der Nachvollzug von Rechenoperationen). Entsprechendes gilt für Klassifikationen; so ist auch außerhalb der Wirtschaftsprüfung die Unterscheidung von formeller vs. materieller Prüfung (Untersuchung der äußeren, einschließlich der rechnerischen Richtigkeit vs. der inhaltlichen Richtigkeit) gebräuchlich.

2. Belegflusspläne und Kontrollmatrizen: Im Rahmen der Kontrollsystemprüfung wird, abgesehen von Rückgriffen auf Fragebogen, empfohlen, Belegflusspläne und Kontrollmatrizen aufzustellen und auszuwerten. Kontrollsysteme sind zumeist komplexer aufgebaut, als dass einem speziellen Arbeitsschritt genau eine Kontrolle zugeordnet wäre. Belegflusspläne und Kontrollmatrizen dienen als Strukturierungshilfen zur Systemerfassung und zur Konzeptionsbeurteilung. *Belegflusspläne* veranschaulichen in grafischer Form den „Fluss" von Belegen und damit von Informationen zwischen den Unternehmensmitarbeitern; die Darstellungen lassen so die in der Regel vielfältigen Zusammenhänge zwischen den zu bewältigenden Arbeitsaufgaben und den Personen erkennen. Wenn der Prüfer anhand eines Belegflussplans schrittweise nach den unmittelbar auftretenden und den nachfolgenden Fehlerwirkungen zufällig oder bewusst unrichtig ausgeführter Arbeitsschritte fragt, vermag er die ebenfalls im Plan vermerkten internen Kontrollmaßnahmen des Unternehmens zu beurteilen, also Kontrollrisiken einzuschätzen. *Kontrollmatrizen* nehmen (in üblicher Anordnung) in ihren Zeilen aus der Sicht des Prüfers zur Fehlerverhütung/-entdeckung notwendige Kontrollziele und in ihren Spalten im Unternehmen vorgeschriebene Kontrollen auf. In den Matrixzellen vermerkt der Prüfer, welche Kontrollen zur jeweiligen Zielerreichung beitragen. Abschließend beurteilt er für seine weitere Arbeit, ob ein jeweiliges Ziel aufgrund der vorgeschriebenen Kontrollen erfüllbar ist - vorausgesetzt, auch die Funktionsprüfung ergibt einen positiven Befund - bzw. welche konzeptionellen Kontrollschwächen bestehen.

3. *Bestätigungsschreiben:* Eine Besonderheit der Wirtschaftsprüfung - etwa im Vergleich zur steuerlichen Betriebsprüfung - sind *Bestätigungsschreiben.* Durch ein solches bestätigt ein außerhalb des zu prüfenden Unternehmens stehender Dritter, z. B. ein Geschäftspartner, auf Anfrage hin einen ihm zuvor benannten rechnungslegungs- und prüfungsrelevanten Sachverhalt oder er versagt die Bestätigung. Typischerweise wird die Bestätigungsanfrage vom zu prüfenden Unternehmen unter Kontrolle des Wirtschaftsprüfers und nach dessen Auswahl angefordert. Adressat der Antwort ist der Prüfer selbst, nicht das Unternehmen, damit dieses dem Prüfer Ergebnisse nicht vorenthalten kann. Klassisches Beispiel eines Bestätigungsschreibens ist die *Saldenbestätigung,* bei der der Geschäftspartner um Bestätigung eines ihm mitgeteilten Forderungs- oder Verbindlichkeitssaldos oder, sollte der Saldo unrichtig sein, um dessen Nicht-Bestätigung gebeten wird. Zur Aufklärung von Fehlern enthält die Anfrage zweckmäßigerweise nicht nur den Saldo als solchen, sondern auch die einzelnen ihn bildenden offenen Posten.

Bei der vorgeschilderten *„positiven Bestätigungsmethode"* wird vom Adressaten unabhängig vom Bestätigungsergebnis eine Rückantwort erwartet. Die positive Methode erlaubt bei einer Nichtantwort eine wiederholte Anfrage. Wird eine Antwort nur für den Fall der Nichtübereinstimmung erbeten, spricht man von der *„negativen Methode".* Eine ausbleibende Rückantwort ist bei dieser jedoch nicht als Übereinstimmung einzuordnen, da ein Adressat zur Antwort nicht verpflichtet ist und er die Anfrage nicht einmal zur Kenntnis genommen haben muss. Anfragen können sich nicht nur auf konkretisierte, als „zutreffend" oder „nicht zutreffend" zu beantwortende Sachverhalte beziehen, sondern auch aus offenen Fragen bestehen; etwa wenn der Adressat um Übermittlung des aus seiner Sicht zutreffenden, ihm aber dem Werte nach nicht bekannt gegebenen Saldos gebeten wird (*„offene* oder *neutrale Bestätigungsmethode"*). Auch die offene Methode erlaubt eine wiederholte Anfrage. Neben einfach zu beantwortenden konkretisierten oder offenen Anfragen gibt es aus mehreren oder vielen Einzelfragen bestehende Bestätigungsanfragen, die sich auch auf nicht-quantitative Sachverhalte beziehen und große Teile des jeweiligen Geschäftsverkehrs betreffen können. Beispiele sind Anfragen an Kreditinstitute (Bankbestätigungen); analog gibt es Rechtsanwalts-, Versicherungs-, Sachverständigenbestätigungen sowie Bestätigungen über bei Dritten gelagerte Vorräte.

4. *Auswahlprüfungen, insbesondere Stichprobenprüfungen:* Bei den meisten Prüffeldern scheiden aus Zeit- und Kostengründen *Vollprüfungen* als Untersuchung *aller* Elemente der jeweiligen Prüffelder aus. An ihre Stelle treten *Auswahlprüfungen*, zumal bei nicht besonders risikobehaftet erscheinenden Elementen. Die Elemente werden nach speziellen Kriterien ausgewählt (z. B. werden alle Buchwerte oberhalb einer gegebenen Grenze ausgewählt) oder auf einer Stichprobenbasis.

Kontrollregelbefolgungen sind entsprechend in der Regel nur in einer Auswahl testbar. Für *Stichprobenprüfungen* („Audit sampling") wird im Prüfungsstandard ISA 530 das *„statistical sampling"* (Stichprobenprüfungen im engeren Sinne) vom *„non-statistical sampling"* unterschieden. Die ISA präferieren keine der beiden Vorgehensweisen generell; vielmehr obliegt die Entscheidung situationsbezogen dem Prüfer. „Statistical sampling" ist die Anwendung von Stichprobenverfahren (im Sinne der statistischen Methodenlehre) und beruht auf einer *Zufallsauswahl* der Stichprobenelemente *und* deren Auswertung mithilfe von auf der Wahrscheinlichkeitstheorie beruhenden Methoden. Beim „non-statistical sampling", der „nicht-statistischen Stichprobenprüfung", sind die beiden vorgenannten Bedingungen nach den Maßstäben der statistischen Methodenlehre insgesamt nicht erfüllt, z. B. weil die Auswahl nur „aufs Geratewohl" stattfand oder/und weil das Urteil nicht (nur) auf einem im Sinne der Methodenlehre begründeten Schluss beruht. So kann z. B. das Urteil nicht nur durch die statistische Methode, etwa aufgrund der Hochrechnung der in der Stichprobe konkret gefundenen Fehler auf die Grundgesamtheit, getroffen werden, sondern auch aufgrund beruflicher Einschätzungen (*professional judgement*) des Prüfers bezüglich der gefundenen Fehler.

Das Schrifttum zur Wahrscheinlichkeitstheorie und Statistik empfiehlt oder kennt keine „nicht-statistischen Stichproben". Gleichwohl sind diese in der Wirtschaftsprüfung gebräuchlich, weil sie zur Urteilsbildung und -begründung beitragen können, ohne den Prüfer unmittelbar festzulegen. Im wirtschaftlichen Prüfungswesen ist ein großer Kreis statistischer Methoden anwendbar, jedoch werden Prüfer nur im Hinblick auf bestimmte, insbesondere einfach zu handhabende, homograde und heterograde Methoden geschult. Homograde Methoden analysieren Fehleranteile/Fehlerzahlen bzw. Anteile unzureichender Kontrollen; im heterograden Fall werden Fehler- bzw. Gesamtwerte untersucht. Fallbezogene Eigenentwicklungen statistischer Prüfungstechniken scheiden in praxi aus. Eine wichtige Eigenart von Unternehmensprüfungen ist das häufige Vorliegen nur weniger Fehler, die jedoch eine beträchtliche Höhe besitzen können (also das Vorliegen von Prüffeld-Grundgesamtheiten, die potenzielle „Ausreißerfehler" besitzen, ansonsten aber nur „Fehlerdifferenzen" i.h.v. null aufweisen). Traditionell angewandte Stichprobentechniken, wie die Mittelwert- oder die Differenzenschätzung, haben Schwierigkeiten, das Ausreißerproblem bei von der Prüfungspraxis akzeptierten (nicht zu hohen) Stichprobenumfängen zu bewältigen. Deshalb wurde das sogenannte *Dollar-Unit Sampling* (Dollar-Unit-Stichprobenverfahren) entwickelt. Dieses ist nach dem Dollar als Geldeinheit derjenigen Länder benannt, in denen die Methode maßgeblich begründet wurde. Im Euro-Raum wird entsprechend in Euro-Einheiten gerechnet. Das DUS ist international sehr gebräuchlich. Gelegentlich finden sich auch andere Bezeichnungen, etwa *Monetary-Unit Sampling*. Beim DUS wird die Buchwert-Grundgesamtheit des Prüffeldes als aus Geldeinheiten bestehend interpretiert. Das Vorgehen ist durch eine buchwertproportionale

Auswahlwahrscheinlichkeit der Prüfelemente und durch eine rechnerisch einfache Schätzung der Gesamtfehlerwerte von Prüffeldern gekennzeichnet. Praktizierte DUS-Techniken bewältigen allerdings Überbewertungsfehler (der vom Mandanten vorgelegte Buchwert ist größer als der Sollwert, der als zutreffend erkannte Wert) weit besser als Unterbewertungsfehler (der Sollwert ist größer als der Buchwert). Denn bei einem Unterbewertungsfehler „versteckt sich" ein potenziell großer Fehlerwert hinter seinem zu gering ausgewiesenen, die Auswahlwahrscheinlichkeit bestimmenden Buchwert. Für das wirtschaftliche Prüfungswesen gibt es - weder im heterograden, noch im homograden Fall - keine generell vorziehenswürdige statistische Methode; die Techniken sind also ihren Stärken und Schwächen gemäß fallabhängig auszuwählen.

Wirtschaftstreuhänder
Früherer, zum Teil derzeit noch gebräuchlicher Begriff für Wirtschaftsprüfer in Österreich. Heute besonders üblich als Oberbegriff für die der Kammer der Wirtschaftstreuhänder (Österreich) zugeordneten Berufsgruppen Wirtschaftsprüfer, Steuerberater, Buchprüfer.

Lizenz zum Wissen.

Sichern Sie sich umfassendes Wirtschaftswissen mit **Sofortzugriff** auf tausende Fachbücher und Fachzeitschriften aus den **Bereichen:** Management, Finance & Controlling, Business IT, **Marketing,** Public Relations, Vertrieb und Banking.

Exklusiv für Leser von Springer-Fachbüchern: Testen **Sie Springer** für Professionals 30 Tage unverbindlich. Nutzen Sie dazu im Bestellverlauf Ihren persönlichen Aktionscode **C0005407** auf *www.springerprofessional.de/buchkunden/*

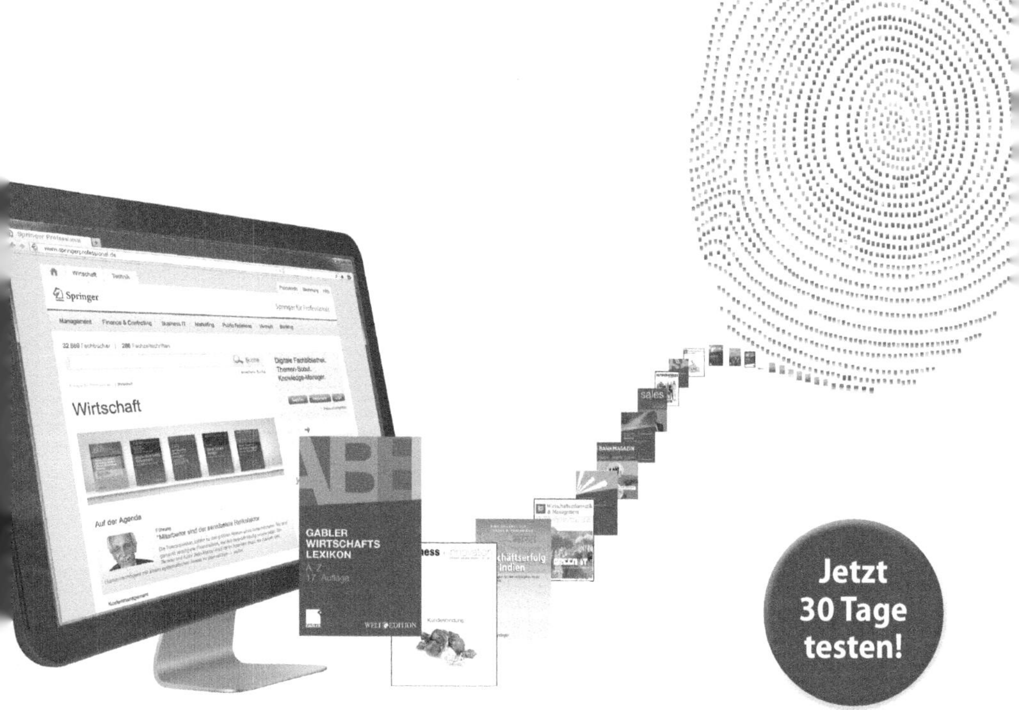

Jetzt 30 Tage testen!

Springer für Professionals.
Digitale Fachbibliothek. Themen-Scout. Knowledge-Manager.

- Zugriff auf tausende von Fachbüchern und Fachzeitschriften
- Selektion, Komprimierung und Verknüpfung relevanter Themen durch Fachredaktionen
- Tools zur persönlichen Wissensorganisation und Vernetzung

www.entschieden-intelligenter.de

Springer für Professionals  Springer

The manufacturer's authorised representative in the EU is Springer Nature Customer Service Centre GmbH, Europaplatz 3, 69115 Heidelberg, Germany. If you have any concerns regarding our products, please contact ProductSafety@springernature.com

Printed and bound by CPI Group (UK) Ltd, Croydon, CR0 4YY
23/03/2026
02076460-0008